C.H.BECK WISSEN

Mit der Romantik begann die literarische und künstlerische Moderne. Nach der Französischen Revolution und ihrem Scheitern ging es den Romantikern um eine Erneuerung der Gesellschaft durch die Mobilisierung der Einbildungskraft. Sie entwickelten einen ganz neuen Stil, aber auch eine neue Erwartung an die Bedeutung von Kunst für die Lebensorientierung. Stefan Matuschek zeichnet ein glänzendes Porträt der Epoche, die sich keineswegs gegen die Aufklärung wandte, sondern auf ihr aufbaute. Dabei richtet er seinen Blick nach Deutschland und England, nach Frankreich wie nach Italien. Sein Band zeigt, wie die romantische Bewegung nicht allein die Literatur prägte, sondern auch Musik und Malerei, Philosophie und Naturforschung, Religion und Politik und wie sie bis heute nachwirkt.

Stefan Matuschek ist Professor für Neuere deutsche Literatur, Allgemeine und Vergleichende Literaturwissenschaft an der Universität Jena und ein ausgewiesener Experte für die europäische Romantik. Bei C.H.Beck ist von ihm erschienen: *Der gedichtete Himmel. Eine Geschichte der Romantik* (2021).

Stefan Matuschek

DIE ROMANTIK

Themen – Strömungen – Personen

C.H.Beck

Mit 10 Abbildungen

Originalausgabe

www.chbeck.de
Reihengestaltung Umschlag: Uwe Göbel (Original 1995, mit Logo),
Marion Blomeyer (Überarbeitung 2018)
Umschlagabbildung: William Turner, *Harlech Castle* (Detail), 1739,
Öl auf Leinwand, New Haven, Yale Center for British Art,
Paul Mellon Collection/akg-images
Satz: C.H.Beck.Media.Solutions, Nördlingen
Druck und Bindung: Druckerei C.H.Beck, Nördlingen
Printed in Germany
ISBN 978 3 406 81498 3

verantwortungsbewusst produziert
www.chbeck.de/nachhaltig

Inhalt

1. Revolutionäre Anfänge 7

a) Ein Losungswort aus Jena 7
b) Das Schlüsselphänomen: «Romantisieren» 12
Exkurs: Romantisierte Natur 18
c) Ein neuer Begriff von Literatur und Kunst 22
d) Neue Mythologie, freie Religion 26
e) Der zweite Impuls der europäischen Moderne 31

2. Die Modernisierung der Literatur 37

a) Eine Leserevolution und der Aufstieg des Romans 37
b) Strategien der Offenheit: Ironie und Fragment 42
c) Das Fantastische 46
d) Schauerromantik 51

3. Vielfalt und Einheit in Europa 59

a) Debatten und Strömungen quer zu den Landesgrenzen 59
b) Zeitliche Entwicklungen 65
c) Deutsche Klassik als Teil der europäischen Romantik 70

4. Über die Literatur hinaus 76

a) Kunst und Kunstreligion 76
b) Musik 82
c) Philosophie und Naturwissenschaft 87

5. Historisierung und Nationalisierung 92

a) Rückwärts gekehrte Utopien 92
b) Volkstümlichkeit 99
c) Märchen 104

d) Germanistik als Neue Mythologie 110
e) Politische Romantik 114

6. Romantik bis heute 119

Zitierte Literatur 124
Weiterführende Literatur 125
Bildnachweis 126
Personenregister 126

1. Revolutionäre Anfänge

a) Ein Losungswort aus Jena

Dass wir heute von einer Epoche der Romantik sprechen, liegt maßgeblich an einer Gruppe von jungen Intellektuellen, die von 1796 an für wenige Jahre in der kleinen Universitätsstadt Jena eine Wohn- und Arbeitsgemeinschaft bildeten. Deren Gründer und treibende Kräfte waren die Brüder August Wilhelm Schlegel (1767–1845) und Friedrich Schlegel (1772–1829). Gemeinsam gaben sie die Zeitschrift *Athenaeum* heraus, die eine Zeitenwende markiert. Sie schlug einen neuen Ton an, in dem sich philosophischer und wissenschaftlicher Ernst mit Ironie und Witz, akademischer Abhandlungsstil mit launigen und provokanten Kommentaren zu Zeit- und Modeerscheinungen mischte. Einige etablierte Aufklärungspublizisten, vor allem der Berliner Verleger Friedrich Nicolai (1733–1811), wollten das als jugendliche Überheblichkeit abtun. Doch so kurzlebig das *Athenaeum* war (nur drei Jahrgänge erschienen 1798–1800), so nachhaltig steht es bis heute für einen revolutionären Umbruch. ‹Romantisch› war dessen Losungswort.

Das Wort gehörte, bevor die Schlegels es neu definierten, zum Bereich der Unterhaltungsliteratur und bezeichnete die Stimmung, wie sie in abenteuerlichen Ritter- und Liebesromanen herrschte. ‹Romantisch› hieß ursprünglich ‹wie im Roman› – und das in einer Zeit, in der diese Gattung als anspruchslos und als unvernünftiges Fantasieprodukt galt. Heute entspricht dem Wort am ehesten der Ausdruck ‹fantasyhaft›. Die Schlegels machten es zum Schlüsselwort eines umfassenden Erneuerungsprogramms: «Die romantische Poesie ist eine progressive Universalpoesie», heißt es im *Athenaeum* (KFSA 2, 182). ‹Progressiv› bedeutet hier, dass diese Poesie entwicklungsoffen und von keinen festen Regeln, Normen oder Traditionen bestimmt sei; ‹universal›, dass sie die verschiedensten Themen und Bereiche, in der Schlegelschen Erwartung auch die Philosophie und alle Wissenschaften in sich aufnehmen solle. Die Beiträge des *Athenaeums* gaben mit ihrem halb akademischen, halb launigen Stil die ersten Beispiele dafür. Die Verbindung der stimmungsvollen literarischen Unterhaltung mit den höchsten Ansprüchen des Denkens war der Grundimpuls jenes Programms, und der Ausdruck ‹romantisch› meint genau das. So wie ihn die Schlegels verwendeten, behielt er seine vernunftferne, fantasiebestimmte Herkunft, nahm aber paradoxerweise zugleich die gegenteilige Bedeutung in sich auf. Er stand für eine Erneuerung von Literatur, Wissenschaft und Philosophie, auch der Religion und gelegentlich sogar der realen Lebensführung durch die Fantasie.

Es war ein oft großsprecherisches, tatsächlich übermütiges bis überhebliches Programm, das aber doch so entschieden und klar wie kein anderes auf die realen Umbrüche am Ende des 18. Jahrhunderts antwortete. Sie betrafen die Politik ebenso wie das Leseverhalten. Die Französische Revolution hatte (vorübergehend) die Feudalherrschaft beseitigt und die Perspektive auf eine von aufklärerischen Ideen geleitete, egalitäre Gesellschaft eröffnet. Diese Perspektive ging schnell im revolutionären Terror unter, wirkte aber bei vielen europäischen Philosophen und Schriftstellern als eine Art intellektuelle Revolutionsspannung weiter. Die Erfahrung des revolutionären Umbruchs schlug bei ihnen auf die eigene Arbeit durch und nährte auch hier den Impuls, alles Hergebrachte als ‹ancien régime› hinter sich zu lassen und neue, freiere Verhältnisse zu schaffen. Und tatsächlich waren die Rahmenbedingungen dafür einzigartig günstig. Das ausgehende 18. Jahrhundert brachte eine explosionsartige Ausweitung des Buchmarkts und der privaten Lektüre mit sich. Bücher, die nicht zu religiösen, akademischen oder anderen Bildungszwecken, sondern zur privaten Unterhaltung dienten, wurden zum ersten Mal zu einem quantitativ bedeutsamen Phänomen. Die Zeitgenossen sprachen von einer ‹Leserevolution›, die eine ähnliche gesellschaftsverändernde Kraft zeige wie die politische Revolution in Frankreich. Vor allem die Romanlektüre verbreitete sich als neue Gewohnheit und gewann weltanschauliche und lebensorientierende Relevanz.

Genau diese Entwicklung griffen die Brüder Schlegel auf. Friedrich Schlegel war der Erste, der die Karriere des Prosaromans als Theoretiker anerkannte und ihn zur Leitgattung der zukünftigen Literatur erklärte. Die europäische Literaturgeschichte des 19. und 20. Jahrhunderts beweist, wie richtig er damit lag. Doch zu Schlegels Zeit war das ein Bruch mit der akademischen Regelpoetik, die normativ auf die Versdichtung ausgerichtet war. Die populäre Romanprosa galt dagegen als nicht theoriewürdig. Gegenüber der Art, wie das *Athenaeum* über Literatur sprach, erschien die regelpoetische Lehrtradition an den Universitäten in der Tat als ein ‹ancien régime›, das die Jenaer Brüder revolutionär hinter sich ließen. Sie ratifizierten als Theoretiker, was in der literarischen Praxis geschah. Ihre Wortwahl trifft dabei den Kern der Sache: Die als formal anspruchslos geringgeschätzte Gattung rückte ins Zentrum der Aufmerksamkeit und wurde in ihrer Offenheit und explosionsartigen Vermehrung und Verbreitung zur unbeschränkten, ‹universellen› Zukunft der Literatur erklärt. Und die Losung ‹wie im Roman› sollte zusammen mit der Literatur auch die Philosophie, die Wissenschaften, die Religion und die Lebenspraxis erneuern. Die Jenaer Frühromantiker waren allerdings nicht die Erfinder oder Begründer der Romantik. Sie waren vielmehr die Ersten, die der allgemeinen, revolutionären Veränderung der Literatur um 1800 die zündende Parole bescherten, in der sich diese Veränderung reflektierte und mit der sie sich beschleunigte. Sie waren die Stichwort- und damit auch die Namengeber der Epoche, mit der die moderne Literatur begann.

Dass diese Parole aus der deutschen Provinz nach Europa ausstrahlte, ist das Verdienst der französischen Schriftstellerin Germaine de Staël (1766–1817). Sie reiste im ersten Jahrzehnt des 19. Jahrhunderts durch die deutschsprachigen Gebiete und wählte sich August Wilhelm Schlegel zum Mentor, um sich mit der deutschen Literatur und Philosophie vertraut zu machen. 1813 veröffentlichte sie ihr Buch *Über Deutschland* (*De l'Allemagne*). Französisch war damals die europäische Bildungssprache, die überall verstanden und gelesen wurde. So verbreitete sich in de Staëls Idiom die Schlegelsche Perspektive über Europa, und zwar mit der provokanten Botschaft, dass in Deutschland eine ‹romantische› Erneuerung der Literatur und Philosophie zu entdecken sei, die die notwendige Alternative zum erstarrten akademisch-klassizistischen Kulturstolz der romanischen Länder biete. Damit traf de Staël vor allem ihr eigenes Land, Frankreich, das sich seit der klassizistischen Hofkultur Ludwigs XIV. über das ganze 18. Jahrhundert hinweg als europäische Leitkultur begriffen hatte. Unter dem ‹Romantischen› verstand de Staël den Ausdruck einer reichen individuellen Innerlichkeit, origineller Fantasie und eines Enthusiasmus, der im Christentum wurzele, doch durch die aufgeklärte Philosophie modernisiert worden sei. Das alles zusammen bildete für sie den Gegensatz zur virtuos routinierten, doch oberflächlichen Konversationskultur der Franzosen. Napoleon, der nach seiner Kaiserkrönung an den klassizistischen kulturellen Hegemonialanspruch des französischen Staates anschloss, empfand de Staëls Buch als persönlichen Angriff (so war es auch gemeint) und ließ die erste Auflage von 1810 konfiszieren und vernichten. Die Autorin jedoch ließ ihr Buch drei Jahre später in England drucken. Den europäischen Erfolg, den es dann hatte, konnte der Kaiser der Franzosen nicht mehr verhindern.

De Staël vermittelte die Romantik als eine deutsche Angelegenheit, auch wenn ihre Begriffsbestimmung räumlich viel weiter ausgriff. Denn sie folgte August Wilhelm Schlegel, der das ‹Romantische› in eine historische Perspektive rückte und mit der christlichen Ritterdichtung (dem Minnesang und der höfischen Epik nach dem Muster der Artusromane) beginnen ließ. Daraus ergab sich die Polarität von zwei europäischen Kulturen: der mittelmeerischen, heidnisch-sinnlichen einerseits und der nordeuropäischen, christlich-spirituellen andererseits. Die eine war die Kultur der Antike und deren Fortsetzung in den akademischen Klassizismen, die andere ein Erbe des Mittelalters, das in den modernen volkstümlichen Dichtungen weiterlebe. Es war eine idealtypische Gegenüberstellung, die weniger der Literaturgeschichte als einem Schematismus folgte: antike Mythologie, plastische Äußerlichkeit, gelehrte Traditionspflege hier; christliche Stoffe, malerische Innerlichkeit, volkstümliche Überlieferung dort. ‹Romantik› in diesem Sinne als Gegenpol zur Antike zu verstehen hatte in der Kunst- und Literaturgeschichtsschreibung zu Anfang des 19. Jahrhunderts Konjunktur – etwa auch in Hegels Ästhetik-Vorlesungen, die in dieser Hinsicht Schlegel folgten. Durchgesetzt aber hat sich dieser ‹lange›, bis ins Mittelalter zurückreichende Romantikbegriff nicht.

Heute meinen wir mit ‹Romantik› die Epoche, die kurz nach der Französischen Revolution begann. Insofern haben wir von den Schlegels nur die progressive, nicht die literarhistorisch zurückblickende Begriffsverwendung übernommen. Zudem hatten die politische Revolution in Frankreich und die genannte Leserevolution eine internationale Dimension – genauso wie das, was aus ihnen folgte. Die Romantik war daher von Beginn an ein europäisches Phänomen. De Staël beleuchtete nur einen bestimmten Ausschnitt, der den allgemeinen Umbruch aus ihrer spezifischen, Napoleon-kritischen deutsch-französischen Sicht erfasste. In England, Schottland, Frankreich, Italien und den deutschsprachigen Ländern entstanden zum Ende des 18. Jahrhunderts oft unabhängig voneinander eine neue Praxis und Theorie der Literatur, die ihr ein so noch nie dagewesenes eigenständiges Selbstbewusstsein und zugleich eine ganz eigene politische, weltanschauliche, religiöse und auch wissenschaftliche Wirksamkeit zu gewinnen versuchten. Es ist der Beginn der literarischen Autonomie – auch durch den Buchmarkt, der sich wirtschaftlich nach und nach selbst zu tragen und den ‹freien› Schriftsteller zu ernähren begann. Diese Autonomie bedeutete keine Selbstbezüglichkeit, keinen Selbstzweck, sondern den Anspruch, mit den eigenen Mitteln über das Literarische hinaus gesellschaftlich Einfluss zu nehmen. So entstand die moderne Situation der Literatur. Sie hält grundsätzlich bis heute an, auch wenn die Literatur seit Längerem in einer zunehmenden Medienkonkurrenz steht.

b) Das Schlüsselphänomen: «Romantisieren»

Das entscheidend Neue in der romantischen Literatur ist ein Stilphänomen, das – so klein und beiläufig es erscheinen mag – doch von großer weltanschaulicher Bedeutung ist. Es ist der Modus des ‹als ob›, der romantische Konjunktiv. Man findet ihn musterhaft in einem der bekanntesten deutschsprachigen Gedichte, in Joseph von Eichendorffs (1788–1857) *Mondnacht*. Deren zweite und dritte Strophe lauten:

Die Luft ging durch die Felder,
Die Ähren wogten sacht,
Es rauschten leis die Wälder,
So sternklar war die Nacht.

Und meine Seele spannte
Weit ihre Flügel aus,
Flog durch die stillen Lande,
Als flöge sie nach Haus. (Eichendorff 1, 323)

Auf die irdisch-sinnliche Naturbeschreibung folgt das religiös-übersinnliche Motiv der Seelenheimkehr ins göttliche Jenseits. Es ist ursprünglich platonisch, wurde aber harmonisch ins Christentum integriert, um den Glauben an die Unsterblichkeit der Seele anschaulich zu machen: Nach dem Tod des Körpers steigt die individuelle Seele als geflügeltes Wesen gen Himmel. Vor allem im Mittelalter gehörte dieses Motiv zum Standard der christlichen Malerei. Auf dieser Grundlage wurden Vögel und Schmetterlinge zu konventionellen Symbolen der Seele. Liest man die erste der zitierten Strophen aus der Perspektive eines empfindenden Ichs – das Wort «so» hält einen dazu an, weil es keinen Vergleich, sondern die Empfindungsintensität des hier Sprechenden ausdrückt –, dann verwandelt sich über die beiden Strophen die irdisch-sinnliche in eine transzendente Erfahrung. Aus dem Naturerlebnis geht die Unsterblichkeitshoffnung hervor – aber, und das ist entscheidend, im Konjunktiv. Die Heimkehr der Seele zu Gott wird dadurch als eine bloße Vorstellung markiert, deren Status (als Gewissheit, Glaube, Hoffnung oder Illusion) offenbleibt. Man kann Eichendorffs *Mondnacht* als ein religiöses Bekenntnis lesen, muss es aber nicht. Es liegt im Auge der Leserin, ob sie der transzendenten Perspektive folgt oder sie als unwirkliche Einbildung markiert sieht. Die Heimkehr der Seele ist eine Kippfigur, die zwischen zwei Deutungen hin und her springt. So wie man in bestimmten Zeichnungen abwechselnd eine Vase oder zwei Gesichter erkennen kann, so wechselt Eichendorffs konjunktivischer Seelenflug zwischen Jenseitsglauben und dessen Negation.

Der Autor selbst war ein frommer Katholik, daher liegt es nahe, dass er die Transzendenz am Ende seines Gedichts ernst nahm. An der Offenheit des Textes selbst ändert das aber nichts. Sie ist das neue Stilphänomen, das auf die Weltanschauung und Lebenseinstellung durchschlägt. Sie verwandelt den traditionellen Glauben in eine unentschiedene, subjektive Empfindung, unentschieden zwischen Bekenntnis und bewusster Illusion. Zugleich macht sie das religiöse zum ästhetischen Erlebnis, das keine andere Überzeugungskraft hat als die künstlerische Qualität des Gedichts.

Die dritte Strophe der *Mondnacht* ist heute ein beliebter Text auf Trauer- und Todesanzeigen. Ihre Offenheit, mit der sie den Unsterblichkeitsglauben anbietet, ohne ihn explizit zu fordern, passt in eine moderne, säkularisierte Welt, die dennoch auf metaphysischen Trost nicht verzichten will. Eichendorffs Gedicht schafft mit seinem romantischen Konjunktiv den Modus, in dem man Transzendenz ästhetisch erfahren kann, ohne sie buchstäblich für wahr halten zu müssen.

Zu Eichendorffs Zeit – *Mondnacht* stammt von 1837 – war das neue Verfahren schon etabliert, denn eingeführt hat es die vorangehende Generation. Vor allem bei Friedrich von Hardenberg (1772–1801), der sich den Jenaer Frühromantikern anschloss und unter dem Pseudonym Novalis publizierte, ist es stilprägend. Auch zwei der produktivsten Erzähler dieser Jahre, Ludwig Tieck (1773–1853) und E. T. A. Hoffmann (1776–1822), verwenden immer wieder den romantischen Konjunktiv, um ihre Märchen-, Roman- und Novellenwelten als Kippfiguren zwischen Transzendenz und bewusster Einbildung zu zeichnen. «Es war mir als zucke mit dem Herausfliegen des Korks ein blaues Flämmchen empor, das gleich wieder verschwand.» (Hoffmann 2/2, 44 f.) So unsicher wie die Hauptfigur in Hoffmanns Roman *Die Elixiere des Teufels* bleiben auch die Leser, ob der titelgebende Trank und dessen berauschende Wirkung tatsächlich ein teuflischer Zauber oder nur das Produkt der überspannten Fantasie sind. Die Kippfigur bietet dabei nicht nur metaphysischen Trost. Sie vermittelt auch subjektive Weltsichten, deren Unsicherheit oder – stärker noch – deren Wirklichkeitsverlust den psychischen Zustand der erzählenden und erlebenden Figuren widerspiegeln. Der romantische Konjunktiv eröffnet nicht nur ein erhebendes, sondern auch ein bedrückendes Jenseits, das neben den Hoffnungen ebenso die Ängste und Abgründe der menschlichen Seele artikuliert.

Transzendenz als Kippfigur darzustellen ist das entscheidende neue Phänomen, das mit der romantischen Literatur in die Welt kam. Es entstand unabhängig voneinander in verschiedenen europäischen Ländern, ohne dass es immer programmatisch mit dem Ausdruck ‹romantisch› verbunden worden wäre. Auf selten explizite Weise begegnet die Figur etwa bei dem englischen Lyriker Samuel Taylor Coleridge (1772–1834), den wir heute aus gutem Grund einen Romantiker nennen, auch wenn er sich selbst (wie die meisten zeitgenössischen englischsprachigen Autorinnen und Autoren) nie als einen solchen bezeichnet hat. Sein Gedicht *An die Natur* (*To Nature*) zeigt das epochal Neue aufs Prägnanteste:

> Mag sein, es ist nur Hirngespinst, wenn ich
> Tiefinnere Freude, die das Herz durchdringt,
> Mir schöpfen will aus jedem Schöpfungsding,
> Aus Blüten, jedem Blatt, das zu mir spricht (Koppenfels 269)

Am Ende läuft diese Naturreligion auf die Andacht an den «einzigen Gott» hinaus. Das entspricht der alten ‹physikotheologischen› Dichtungstradition, die sich seit der frühen Neuzeit mit den aufblühenden Naturwissenschaften verbunden hatte. In ihr führt das Studium der natürlichen Welt zur Gottesandacht, die Vollkommenheit der Schöpfung zum Beweis und zum Lob des Schöpfers. Coleridge nimmt das auf, setzt aber ausdrücklich das menschliche Vermögen hinzu, das den Weg vom Natürlichen zum Übernatürlichen bahnt. «It may indeed be phantasy», beginnt das Gedicht im Original. Ob die natürliche Theologie damit tatsächlich nur eine fantastische Theologie sei, bleibt in dieser Formulierung ungeklärt. Klar ist dagegen ihre Wirkung:

– und wenn die Welt auch rings
Vom Hohn auf diesen Glauben widerklingt,
Mir nimmt er Angst und drückendes Gewicht.

Die romantische Kippfigur ermöglicht eine Religiosität jenseits der Religionskritik. Sie hat das aufklärerische (schon in der Antike gebrauchte) Argument verinnerlicht, dass die Götter menschliche Projektionen seien. Doch schließt sie daraus gerade nicht auf die Nichtigkeit, sondern umgekehrt auf die Wirksamkeit solcher Projektionen. Die deutsche Übersetzung «Hirngespinst» für «phantasy» ist deshalb zu einseitig, zu abwertend. Denn Coleridge geht es gerade um die wohltuende lebenspraktische Konsequenz der Einbildungskraft und der von ihr geschaffenen Transzendenz.

So bekannt wie Eichendorffs *Mondnacht* in Deutschland ist Giacomo Leopardis (1798–1837) Gedicht *L'infinito* (*Das Unendliche*) in Italien, und es zeigt dieselbe charakteristische Kippfigur. In nur 15 Versen stellt Leopardi dar, wie sich ein lyrisches Ich über seine durch Hügel und Hecke begrenzte natürliche Umgebung hinaus in Vorstellungen von Ewigkeit und Unendlichkeit verliert:

Und so versinken
im Unermeßlichen mir die Gedanken,
und Schiffbruch ist mir süß in diesem Meere. (Leopardi 93)

Die Metapher des Schiffbruchs und ihre paradoxe Umwertung von der Katastrophe zur lustvollen Erfahrung kannte Leopardi aus älteren Fastenpredigten. Dort markierten sie das Ziel religiöser Askese und Meditation: das Aufgehen der Seele in Gott, das, was die Religionswissenschaft das ‹ozeanische Gefühl› nennt. Leopardi schließt an diese Tradition an, löst die Metapher jedoch (wie Eichendorff die des Seelenheimflugs) aus jeder konfessionellen Rahmung heraus und präsentiert sie als Produkt der Einbildungskraft: «endlose Weiten formt sich dort mein Denken», heißt es in seinem Gedicht. Es ist ein selbstgemachtes und als Selbstgemachtes bewusstes Jenseits, in das Leopardis lyrisches Ich sich hier erhebt. Das dadurch gewonnene Erlebnis aber ist nicht weniger lustvoll, nicht weniger «süß» als das der asketisch-meditativen Tradition.

Es ist genau dieses Phänomen, die Transzendenz als Kippfigur und selbstgemachtes Jenseits, das Novalis auf den Begriff des ‹Romantisierens› bringt. Er definiert es so: «Indem ich dem Gemeinen einen hohen Sinn, dem Gewöhnlichen ein geheimnißvolles Ansehn, dem Bekannten die Würde des Unbekannten, dem Endlichen einen unendlichen Schein gebe so romantisire ich – Umgekehrt ist die Operation für das Höhere, Unbekannte, Mystische, Unendliche – dies wird durch diese Verknüpfung logarythmisiert – Es bekommt einen geläufigen Ausdruck.» (Novalis 2, 334) Novalis schrieb dies 1798 in eines seiner zahlreichen Notizhefte, die erst lange nach seinem Tod ab dem Beginn des 20. Jahrhunderts ediert wurden. Zur Zeit der Romantik also blieb diese Romantik-Definition unbekannt. Doch trifft sie das epochal kennzeichnende Phänomen so genau wie keine andere. Und als wäre er die epochemachende Instanz, stellt Novalis seiner Definition die Forderung voran: «Die Welt muß romantisiert werden.»

Von heute aus gesehen erscheint Novalis als einer der prägnantesten Autoren der Romantik. Zu seiner Zeit war das anders: Da war er nur einem kleinen Kreis in Deutschland bekannt. Jenseits der Landesgrenzen wurden vor allem Goethe, E. T. A. Hoffmann und Schiller als Repräsentanten der romantischen deutschen Dichtung gesehen. Doch auch wenn Novalis kein Vorbild für die europäische Romantik war, bringen seine zahlreichen Notizen pointiert zur Sprache, was zu seiner Zeit und in den folgenden Jahrzehnten die Literatur in mehreren europäischen Ländern bestimmte. Und durch seine enge Zusammenarbeit mit Friedrich Schlegel hatte auch er seinen Anteil an dem von Jena ausstrahlenden Epochenwort.

Mit einem Motiv hat Novalis indes schnelle und weite Resonanz gefunden: mit dem der blauen Blume. Durch ein Gedicht von Eichendorff aus den 1830er-Jahren ist es als Sehnsuchtsmotiv populär («Ich suche die blaue Blume, / Ich suche und finde sie nie», Eichendorff 1, 334) und dann durch zahlreiche Wiederaufnahmen zum Symbol der Romantik in Deutschland geworden. Ursprünglich stammt es aus Novalis' Roman *Heinrich von Ofterdingen*, in dem es das doppelte Ziel des Protagonisten markiert: die Poesie und die Geliebte. Der Roman erzählt den Weg eines jungen Mannes hin zu diesem doppelten Ziel, das im Grunde ein einziges ist, weil die Geliebte allegorisch als Verkörperung der Poesie verstanden werden kann. Der Roman hat zwei Teile, «Erwartung» und «Erfüllung» überschrieben, doch der Autor starb so früh, dass der zweite Teil Fragment und die blaue Blume tatsächlich ein unerfülltes Sehnsuchtsmotiv blieb.

Eingeführt wird das Motiv gleich am Anfang des Romans als Traumvision des jungen Heinrich. So wie Novalis die Blume darstellt, ‹romantisiert› er sie ganz in dem von ihm definierten Sinne, anders gesagt: Er schafft mit ihr seinerseits eine Kippfigur zwischen reiner Sinnlichkeit und Transzendenz. Die ‹jenseitige› Dimension eröffnet sich dadurch, dass die Blume nach biblischem Muster als gottgesandtes Traumbild gelten soll, als ein überirdischer Wink ins ebenso überirdische Reich der Poesie. Man kann den Roman insgesamt als eine Art neues Evangelium lesen, in dem die Poesie zur Erlöserin der Menschheit wird. Andererseits aber wird die geträumte Blume mit aller irdischen Sinnlichkeit als erotische Jungen-Fantasie ausgemalt. Sie erwächst aus dem adoleszenten Trieb hin zum anderen Geschlecht. Novalis' blaue Blume ist damit ein genau passendes Symbol für die Romantik. Doch ist es nicht die Sehnsucht, die sie dazu macht, sondern vielmehr das Phänomen der Kippfigur. Je nachdem, wie man sie betrachtet, zeigt die blaue Blume die göttliche oder die sexuelle Lenkung des Menschen.

Exkurs: Romantisierte Natur

Eichendorffs *Mondnacht* verbindet die Naturbeschreibung mit dem psychischen Erleben. In den wogenden Ähren, den leise rauschenden Wäldern und der sternklaren Nacht spiegeln sich die Gemütsruhe und der Seelenfriede des hier sprechenden Subjekts. Die Natur erscheint als Seelenlandschaft, die das innere Empfinden gleichnishaft veranschaulicht. Ludwig Tieck hat mit dem originellen Kompositum «Waldeinsamkeit» dafür das knappste und prägnanteste Beispiel gegeben. In seinem Märchen *Der blonde Eckbert* leitet es drei Strophen ein, mit denen die Stimmung einer entrückten, zauberhaft ganz für sich allein bestehenden Waldhütte evoziert wird. Die beiden Wortteile steigern sich wechselseitig: Die Einsamkeit wird anschaulich, wenn man sich einen menschenleeren Wald vorstellt, und der Wald füllt sich mit innerem Erleben. Die Natur als Ausdruck eines inneren, seelischen Zustands darzustellen ist ein charakteristisches Verfahren der romantischen Literatur – wie auch der Malerei. Dabei war es die Entwicklung in der Literatur, die ein neues Interesse an der Landschaftsmalerei weckte und eine neue Landschaftsmalerei inspirierte. Hier wie dort ist die Romantisierung der Natur nicht deren Verklärung zu einem paradiesischen Ort oder einer heilen Alternative zur modernen Zivilisation, sondern die Darstellung der Natur als Gleichnis der menschlichen Seele.

Auf virtuose Weise beherrscht der französische Autor François-René de Chateaubriand (1768–1848) dieses Verfahren. Seine Erzählung *René* handelt von einem jungen Mann, der aus verzweifelter erotischer Liebe zu seiner Schwester nach Amerika flieht, wo er indes seinem allgemeinen Leiden an der Welt, seinem ‹Weltschmerz›, nicht entkommt. Die enge Verbindung zu seiner Schwester entsteht gerade durch die Romantisierung der Natur: Die beiden finden auf langen Spaziergängen zueinander in der gemeinsamen Hinwendung zur Natur als Spiegel ihrer Seelen. Chateaubriand macht diesen Zusammenhang ausdrücklich zum Thema, führt ihn aber zugleich vor. Eine besondere Meisterschaft erreicht er darin, die Psychodynamik seiner

Figuren in Wetterphänomenen darzustellen. Es ist eine Art Meteorologie der Seele. So berichtet der nach Louisiana geflohene René: «Nachts, wenn meine kleine Hütte im Unwetter bebte und der Regen in Strömen gegen Dach und Wände schlug, wenn ich durchs Fenster den Mond im Kampfe mit den Wolkenhaufen sah, die sein Licht immer wieder verlöschten, dann fühlte ich das Leben in meinem Herzen schäumen, und schöpferische Kräfte durchrieselten mich.» (Chateaubriand 17)

Eichendorffs Erzählung *Aus dem Leben eines Taugenichts* kombiniert (wie seine *Mondnacht*) die Seelenlandschaft mit dem romantischen Konjunktiv, der die Kippfigur zur Transzendenz erzeugt. Die Beschreibung, wie der Protagonist nachts die Stadt Rom erreicht, zeigt anhand der äußeren Umgebung die innere Erhebung aus Trübsal und Orientierungslosigkeit: «Ich kam zuerst auf eine große, einsame Heide, auf der es so grau und still war, wie im Grabe. Nur hin und her stand ein altes verfallenes Gemäuer und ein trockener wunderbar gewundener Strauch; manchmal schwirrten Nachtvögel durch die Luft, und mein Schatten strich immerfort lang und dunkel in der Einsamkeit neben mir her. [...] Aber ich ging immer grade fort und ließ mich nichts anfechten. Denn die Stadt stieg immer deutlicher und prächtiger vor mir herauf, und die hohen Burgen und Tore und goldenen Kuppeln glänzten so herrlich im hellen Mondschein, als ständen wirklich die Engel in goldenen Gewändern auf den Zinnen und sängen durch die stille Nacht herüber.» (Eichendorff 2, 522) Es sind drei Ebenen, die hier übereinanderliegen: die physische, die psychische und die transzendente. Die realistische Beschreibung der Natur (und der Architektur) wird zum Gleichnis des inneren Erlebens und öffnet sich zur (als Fantasie markierten) Transzendenz. Genau dieser zweifache Mehrwert, der psychische und der religiöse, ist das Kennzeichen der romantisierten Natur.

So lässt es sich auch in der Landschaftsmalerei beobachten, die zu Beginn des 19. Jahrhunderts eine ganz neue Würdigung und ganz neue praktische Impulse bekam. Für Aufsehen und Streit sorgte vor allem Caspar David Friedrich (1774–1840), insbesondere mit seinen Gemälden *Das Kreuz im Gebirge* (*Tet-*

schener Altar, 1807/08) und *Mönch am Meer* (1808–1810). Letzteres hat den Schriftsteller Heinrich von Kleist (1777–1811) zu einer kurzen, doch eindringlichen Besprechung inspiriert (*Empfindungen vor Friedrichs Seelandschaft*). Sie betont die starken Affekte und Gefühle, die das Bild auslöse. Durch sein Sujet lade es den Betrachter zu einem sehnsuchtsvollen Blick ins Weite, Offene ein, breche diese Erwartung jedoch durch seine Düsternis und Kargheit in schroffer Weise ab. Für Kleist ist der *Mönch am Meer* die traurigste und unbehaglichste Seelenlandschaft, in die er sich aber durch die unausweichliche Identifikation mit der dargestellten, aufs Meer blickenden Figur hineingerissen sieht. Für diese Wirkung des Gemäldes fand Kleist seinerseits ein starkes sprachliches Bild: «so ist es, wenn man es betrachtet, als ob Einem die Augenlider weggeschnitten wären.» (Apel 357)

Als Zwitter aus Landschafts- und Sakralgemälde hob *Das Kreuz im Gebirge* (Abb. 1) die bis dahin gültigen Genregrenzen auf. Das die Bäume hoch überragende Kreuz bricht motivisch wie perspektivisch (der Standpunkt des Betrachters bleibt irreal in der Schwebe) mit den Konventionen der Landschaftsmalerei. Doch ist das Gemälde zu sehr ein Landschaftsbild, als dass man es eindeutig dem sakralen oder sakral-allegorischen Genre zurechnen könnte. Das hat man Friedrich aus konservativer Warte vorgehalten und als Unvermögen kritisiert. Denkt man an die gleichzeitige Entwicklung in der Literatur, kann man das Werk jedoch als eine malerische Kippfigur zwischen profanem Landschafts- und sakralem Andachtsbild sehen. Friedrich hat das epochal Neue der romantischen Literatur in die Malerei gebracht und das Ineinander von Wahrnehmung und Einbildung als charakteristisches Verfahren explizit gemacht: «Der Maler soll nicht nur malen, was er vor sich sieht, sondern auch was er in sich sieht.» (Apel 362) In seinen *Neun Briefen über die Landschaftsmalerei* hat der Arzt und Landschaftsmaler Carl Gustav Carus (1789–1869) die psychologischen und transzendenten Dimensionen als die entscheidenden Qualitäten der Gattung benannt. Definitorisch legt er die Landschaftsmalerei auf die Seelenlandschaft fest: «Darstellung einer gewissen Stimmung des

1 Caspar David Friedrich, *Das Kreuz im Gebirge (Tetschener Altar)*, 1807/08, Dresden, Gemäldegalerie Neue Meister

Gemütslebens (Sinn) durch die Nachbildung einer entsprechenden Stimmung des Naturlebens (Wahrheit)» (Apel 218). Deren Schönheit aber bestehe in nichts anderem als im Empfinden des göttlichen Wesens in der Natur.

c) Ein neuer Begriff von Literatur und Kunst

Friedrich Schlegels Rede von der «progressiven Universalpoesie» klingt überschwänglich, bringt aber ganz zutreffend zum Ausdruck, wie sich die Literatur bis heute entwickelt hat. Über das 19. und 20. Jahrhundert hinweg war sie progressiv, insofern sie viele neue Formen und Darstellungsweisen hervorgebracht hat, und sie hat in ihren Themen und den verschiedenen Arten und Ansprüchen, sie zu behandeln, ein Spektrum erreicht, das man ohne Übertreibung universell nennen kann. Das Gleiche gilt für Schlegels weitere Bestimmungen. Sie wirken überschwänglich, treffen in der Sache jedoch die Situation der modernen Literatur: «Die romantische Dichtart ist noch im Werden; ja das ist ihr eigentliches Wesen, daß sie ewig nur werden, nie vollendet sein kann. [... Ihr] erstes Gesetz [ist], daß die Willkür des Dichters kein Gesetz über sich leide.» (KFSA 2, 183) Wenn man den Ausdruck ‹romantische Dichtart› durch ‹moderne Literatur› ersetzt, beschreiben Schlegels Worte das heute Selbstverständliche: Keine Regeln und keine als normativ-vollkommen geltenden Vorbilder schränken die literarische Entwicklung ein, die (sieht man einmal von den Marktmechanismen ab und schaut nur auf das prinzipiell Mögliche) durch kein höheres Gesetz als die individuelle Kreativität bestimmt wird. Schlegels visionäre Rede von der romantischen Poesie hat sich als Normalität der modernen Literatur verwirklicht. Sein damals revolutionärer Ton, mit dem er die Regelpoetik und ihr Denken in fixierten Gattungen hinter sich ließ, eröffnete die moderne Literaturtheorie.

Die englischen Dichter Samuel Taylor Coleridge und William Wordsworth (1770–1850) geben ein zeitgenössisches spezifisches Beispiel für das, was Schlegel allgemein benennt. Im Vorwort zur zweiten Auflage ihrer *Lyrical Ballads* (1800) rechtfertigen sie sich gegen den Vorwurf, durch ihre alltagsnahe, einfache Sprache den Kunstanspruch der Versdichtung verfehlt zu haben. Dahinter steht die akademische Lehrtradition der Poetik, die die Qualität von Dichtung vor allem im ausgearbeiteten Stil, in gedankenvollen Allegorien und – aus ehrfürchtiger

Hochachtung vor der Antike – in mythologischen Motiven sah. Wie Schlegel wandten sich Coleridge und Wordsworth von solchen Gesetzen der Dichtkunst ab. Was man ihnen vorwarf, erklärten sie zum Programm. Ihre Gedichtsammlung sei ein Experiment, wie man eine neue poetische Qualität nah an der gesprochenen Sprache schaffen könne. Das Gelingen dieser Gedichte bemesse sich einzig danach, ob sie den Lesern ein authentisches Fühlen und Erleben vermitteln.

Mit der Forderung nach einem natürlich wirkenden Gefühlsausdruck war schon das bürgerliche Theater von Diderot und Lessing gegen die Künstlichkeit des Hoftheaters angetreten. Und dieselbe Forderung hatte seit den 1770er-Jahren (in Deutschland vor allem durch Goethe) das neue Paradigma der ‹Erlebnislyrik› hervorgebracht, das in der Tendenz Coleridge und Wordsworth entspricht. Mit der Leserevolution und der sich stark ausbreitenden Schriftstellerei und Leserschaft setzte sich die Abkehr von der akademischen Dichtungslehre fort und gewann mit dem Schlagwort ‹Romantik› durchschlagenden Erfolg. Eben darin liegt die Gemeinsamkeit aller Romantik-Programme in Europa, so vielfältig und unterschiedlich sie in den verschiedenen Kreisen und Debatten auch ausfallen konnten. ‹Romantisch› war der erste Begriff, mit dem in der Literatur die neue Situation während der Leserevolution reflektiert, die Hinfälligkeit der tradierten Regelpoetik markiert und die damit gewonnene Offenheit als Entwicklungschance angesprochen wurde. Die erklärten Gegner der Romantik sahen darin nichts als modische Flausen, als einen willkürlichen Versuch, aus dem tradierten, vernünftigen Ordnungsrahmen auszubrechen. Sie standen damit auf verlorenem Posten.

Die wichtigste, bis heute gültige Konsequenz des romantischen Literaturbegriffs ist die Individualisierung. In dem Maße, wie Gattungs- und allgemeine Stilregeln an Bedeutung verloren, traten Eigentümlichkeit und Originalität der einzelnen Werke in den Vordergrund. Und wo die individuelle Kreativität als einziger Maßstab galt, musste sich auch das Urteil darüber individualisieren. Das zeigt sich in der romantischen Literaturkritik. Sie brach mit der Anonymität und der Metapher des Gerichts, die beide das aufklärerische Rezensionswesen bestimmten. Im aufblühenden Zeitschriftenmarkt hatte sich über die zweite Hälfte des 18. Jahrhunderts ein Standard der kritischen Öffentlichkeit etabliert. Nach ihm verstand sich der Rezensent als eine beliebige Stimme aus dem Publikum, die jedes neue Werk nach den allgemein anerkannten Regeln der jeweiligen Gattung beurteilte. Der Kritiker trat als ‹Kunstrichter› auf, der nicht in seinem, sondern im Namen aller das gesetzmäßige Urteil sprach. Dementsprechend erschienen die Rezensionen zumeist anonym. Unter diesen Bedingungen begann auch August Wilhelm Schlegels Karriere als Literaturkritiker für die *Allgemeine Literatur-Zeitung*, das damals führende Rezensionsorgan in deutscher Sprache.

Mit der eigenen Zeitschrift, dem *Athenaeum*, brachte Schlegel jedoch die programmatische Individualisierung in die Literaturkritik. Mit einer langen Liste all seiner bisher veröffentlichten Rezensionen hob er die Anonymität nachträglich auf und bekannte sich als namhafter, individueller Kritiker. Die Vorstellung vom anonymen, repräsentativen ‹Kunstrichter› erklärte er für sachfremd und anmaßend. Literaturkritik verstand er vielmehr als Begegnung zweier Individuen, des neuen Werks und eines einzelnen Lesers. Sie war für ihn kein Amtsgeschäft nach allgemeinen Regeln, sondern ihrerseits ein kreativer Akt, der die je einzigartige schöpferische Qualität zu erkennen und zu würdigen vermag. Der Rezensent sieht sich demnach als ‹Genie der Kritik›, das dem Genie des Schriftstellers entspricht. Friedrich Schlegels Rezension zu Goethes Roman *Wilhelm Meisters Lehrjahre* (*Über Meister*) ist eines der engagiertesten Beispiele für diesen Anspruch der Kritik als gleichrangiger Begegnung von Autor und Leser. Ihre neue Rezensionspraxis haben die Brüder Schlegel selbst auf den Begriff des ‹Charakterisierens› gebracht, der deren individuell-kreative Dimension treffend zum Ausdruck bringt.

Die romantische Literaturkritik folgte auch in ihren Urteilen der literarischen Entwicklung. Sie ließ sich auf die Konjunktur des Prosaromans ein und öffnete sich für dessen noch zu entwickelnde Qualitätskriterien jenseits aller Regelpoetik. Im Programm des ‹Charakterisierens› aber steckt zugleich etwas Elitäres. Denn dieser individuellen Aufmerksamkeit und Zuwendung werden dem Programm nach nur solche Werke teilhaftig, die im Auge des Kritikers tatsächlich als Individuen gelten können, die also etwas Einzigartiges haben, das den Kritiker anspricht. Im *Brief über den Roman* (einem Kapitel in seinem *Gespräch über die Poesie*) trennt Friedrich Schlegel scharf zwischen der wertlosen Massenware und den (wenigen) individuellen Kunstwerken, zu denen er etwa Diderots *Jacques le fataliste*, Laurence Sternes *Tristram Shandy* oder die Romane von Jean Paul zählt. Zu Beginn der massenhaften Romanproduktion traten die Schlegels mit einem Konzept von Kritik auf, das wenige, emphatisch gewürdigte Kunstwerke vom großen, zu vernachlässigenden Rest trennt. Auch damit haben sie die moderne Situation der Literatur mit eingeleitet.

Mit dem Literatur- veränderte sich auch der Kunstbegriff. Die Regelpoetik war am lateinischen Wort ‹ars› orientiert, in dem Kunst und Handwerk zusammenfallen. Genau das entsprach dem Konzept: Wenn die Literatur als Kunst Regeln hat und ihre Qualität in der genauen Befolgung dieser Regeln liegt, dann ist sie wie ein Handwerk erlernbar. Die romantische Literaturkritik löste diesen Zusammenhang auf. Sie sah den Kunstanspruch in etwas unergründlich Individuellem, das auf keine Regel zu bringen und deshalb nicht erlernbar sei, sondern nur von einzigartig kreativen Künstlern zu erschaffen und von entsprechend sensiblen Menschen zu erfahren sei. Die Kunst nimmt damit etwas Irrationales, Geheimnisvolles an, was sie über andere menschliche Tätigkeiten, insbesondere über alles Handwerkliche erhebt. In seinen kunsttheoretischen Vorlesungen stellt August Wilhelm Schlegel Kunst und Poesie der Idee der Gottheit an die Seite: Sie seien ein ebenso «schrankenloser Gedanke». Und weiter: «was sie [die Kunst] im Laufe der Zeiten realisieren soll und kann, vermag kein Verstandesbegriff zu umfassen, denn es ist unendlich.» (Schlegel 387) Die romantische Literatur- und Kunsttheorie führte, um es bildhaft zu sagen, zu einer Himmelfahrt dieser beiden Konzepte, in der sie das Handwerkliche abstreiften und zu etwas alles Rationale überbietendem

Irrationalen wurden. Emphatische Begriffe von Literatur und Kunst folgen dieser Perspektive bis heute.

d) Neue Mythologie, freie Religion

Die ehrgeizigste Idee, zu der die Französische Revolution Schriftsteller inspiriert hat, ist die der «Neuen Mythologie». Sie ist eine Projektion der idealisierten Antike in die Zukunft. Idealisiert wird dabei die Rolle der Homerischen Epen. Auf ihnen – so dachten die romantischen Homer-Leser am Ende des 18. Jahrhunderts – habe die Gemeinschaft der Griechen beruht, weil in ihnen die gemeinsame Religion, das gemeinsame Wissen und die gemeinsamen Wertvorstellungen anschaulich, für alle verständlich und verbindlich ausgedrückt worden seien. Genau das aber – so dachten die jungen Intellektuellen um 1800 weiter – fehle in der Gegenwart und müsse neu erschaffen werden. Dann könne auf literarische Weise die freie, klassenlose Gemeinschaft erreicht werden, die von der Revolution angestrebt, jedoch im Terror verfehlt wurde. Eine Neue Mythologie müsse auf der Höhe der aktuellen Wissenschaften die gemeinsamen ethischen und religiösen Vorstellungen so anschaulich vergegenwärtigen, dass sie für alle Schichten gleichermaßen – ohne die Hierarchie von Gelehrten und Ungebildeten, von Priestern und Laien – eine gesellschaftliche Einheit stifte, so wie es die *Odyssee* und die *Ilias* für die alten Griechen getan hätten. Die freie Gesellschaft sollte demnach auf literarischem Wege, als Lesegesellschaft entstehen. Größer können Schriftsteller von sich und ihren Möglichkeiten nicht denken.

Das früheste Dokument, das diese Idee bezeugt, ist ein Fragment, ein doppelseitig beschriebenes Blatt, das erst am Anfang des 19. Jahrhunderts unter dem pompösen Titel *Das älteste Systemprogramm des deutschen Idealismus* veröffentlicht wurde. Es stammt aus dem Jahr 1797 und geht inhaltlich auf die Zusammenarbeit der damals noch keine 30 Jahre alten Studienfreunde Hegel, Schelling und Hölderlin zurück. Die Forderung nach einer Neuen Mythologie ist in diesem gemeinsamen Papier stark von der Revolutionsrhetorik und deren Leitworten ‹Freiheit› und ‹Gleichheit› geprägt. Der Philosoph Georg Wilhelm Friedrich Hegel (1770–1831) hat sich in seiner weiteren Entwicklung von dieser Idee abgewendet, Friedrich Wilhelm Joseph Schelling (1775–1854) hingegen hat sie in seiner Kunstphilosophie und seiner *Philosophie der Mythologie* zum Ideal eines universellen Epos weitergedacht, das spiegelbildlich zum Homerischen Anfang das Ziel der Menschheitsgeschichte markiere. Friedrich Hölderlins (1770–1843) Hymnen (z.B. *An den Aether*, *Brot und Wein*) verbinden empfindsames Naturerleben, griechische Götterwelt und das christliche Evangelium zu einer eigenen mythischen Weltanschauung und -deutung. In ihr erscheinen die einseitig rationale Wissenschaftlichkeit und das Christentum in seiner Sinnenfeindlichkeit als aktuelles Leid, aus dem eine an den antiken Göttern orientierte enthusiastische Sinnlichkeit als Heilsperspektive hinausführen soll.

Zur gleichen Zeit, doch unabhängig von den Deutschen arbeitete in England William Blake (1757–1827) viel direkter an einer eigenen, neuen Mythologie. Deren Hauptfiguren – Blake nennt sie Orc und Urizen – verkörpern den Widerstreit von Jugend und Alter, Sinnlichkeit und Verstand, Rebellion und alter Ordnung, vorgestellt als kraftvoller Jüngling und bärtiger Alter. Wie den deutschen Intellektuellen geht es auch dem Engländer um die Fortsetzung der Revolution mit literarischen Mitteln. Blake greift auf das noch frühere Ereignis der amerikanischen Unabhängigkeitserklärung zurück, um von hier aus den Revolutionsimpuls als Orcs Botschaft nach Frankreich und ganz Europa tragen zu lassen (*America, a Prophecy*). Er bedient sich vieler antiker und biblischer Motive, um die aktuelle Revolutionsstimmung in seinem Figurenpaar mythisch zu überhöhen. Dabei liefert er einen Anschauungsunterricht, der die amerikanischen und französischen Umstürze als natürlichen Generationswechsel und als notwendige Ablösung des Alters durch die Jugend darstellt. Was Blake indes fehlte, war die Resonanz. Es blieb eine fast private Mythologie, weil er sie nicht nur literarisch, sondern auch bildlich in einer eigens entwickelten Drucktechnik zum Ausdruck brachte. Die Bild und Handschrift verbindenden Druckplatten wurden individuell graviert und die

2 William Blake, *America, a Prophecy*, 1793, Orc

Drucke dann von Blake eigenhändig koloriert (Abb. 2). Das machte die Produktion teuer und die Exemplare rar, so dass sie kaum bekannt wurden. Erst in der Hippie-Bewegung wurde Blake populär.

Es ist abermals das *Athenaeum*, in dem die neue Idee zum ersten Mal öffentlich formuliert wurde. Friedrich Schlegels *Rede über die Mythologie* (ein weiteres Kapitel in seinem *Gespräch über die Poesie*) erklärt: «Es fehlt […] unsrer Poesie an einem Mittelpunkt, wie es die Mythologie für die der alten war […]. Aber […] wir sind nahe daran eine zu erhalten, oder vielmehr es wird Zeit, daß wir ernsthaft dazu mitwirken sollen, eine hervorzubringen.» (KFSA 2, 312) Entgegen Schlegels Zuversicht hat es die *eine* neue Mythologie als gemeinsame Basis der modernen Poesie nicht gegeben. Doch kann man durchaus im Plural von vielen verschiedenen neuen Mythologien sprechen, wenn man darunter Fiktionen versteht, die über den Status der beliebigen Erfindung hinauswuchsen. Das taten sie, wenn sie nicht mehr als Produkte der Willkür eines individuellen Schriftstellers angesehen wurden, sondern wie autonome, von sich aus bedeutsame Gegebenheiten kollektive Akzeptanz und Verbindlichkeit gewannen. In diesem Sinne ist etwa Goethes Faust-Figur zu einer neuen Mythologie (insbesondere zur deutschen Selbstdeutung) geworden und bilden und prägen auch heute resonanzstarke literarische und filmische Fiktionen wie *Star Wars* und *Harry Potter* ihre eigenen Gemeinden. Was die Frühromantik mit ihrer Idee nachhaltig bewirkt hat, ist die Modernisierung des Mythos-Konzepts, das nun nicht mehr nur ein Thema der Altertumskunde war. Die Rede von der Neuen Mythologie wechselte die Richtung und machte Mythen als ein Phänomen bewusst, das auch in der modernen Welt anhaltend produktiv und relevant ist.

Die aktuelle Religion, also den christlichen Glauben, wollte die Neue Mythologie absorbieren, und zwar so, dass er alles Dogmatische und Konfessionelle verliert und stattdessen zur Inspiration neuer, variierender Erzählungen wird. An die Stelle des Offenbarungsglaubens soll die Einsicht treten, dass sich alle Transzendenz der menschlichen Einbildungskraft verdankt. Dahinter steht das schon erwähnte alte religionskritische Argument, dass die Götter nur menschliche Projektionen seien. Die Romantik erneuert dieses Argument dadurch, dass sie das ‹nur› nicht negativ als Entlarvung und als Hinweis auf die Inexistenz der Götter versteht, sondern positiv als Anerkennung der Einbildungskraft. Sie ist es, die sich über die empirische Wirklichkeit erheben kann und den Menschen zur Transzendenz befähigt. Friedrich Schleiermacher (1768–1834), der Berliner Freund Friedrich Schlegels und Prediger an der Charité, hat diese Position so prägnant wie provokant in dem Satz formuliert: «Nicht der hat Religion, der an eine heilige Schrift glaubt, sondern welcher keiner bedarf und wohl selbst eine machen könnte.» (Schleiermacher 82) Novalis und Friedrich Schlegel haben ihre Schriftstellerei ganz in diesem Sinne verstanden. In ihrem Briefwechsel bezeichnen sie ihre Romanprojekte als ‹neue Bibeln›.

Im Fall von Novalis ist diese Bezeichnung gar nicht so abwegig, jedenfalls dann nicht, wenn man auf die Motive und Botschaften schaut. Der *Ofterdingen*-Roman ist als ein neues Evangelium angelegt, das von der Erlösung der in Materialismus und Zweckrationalismus gefangenen Welt durch die Poesie kündet. Die Titelfigur des Minnesängers bedient hier kein historisches Interesse am Mittelalter. Sie erscheint vielmehr als ein neuer Messias, der erst sich selbst und dann (so sagen es Entwurfsskizzen) die Welt aus der seelenlosen Geschäftigkeit in die höhere Sphäre der Liebe und der von ihr inspirierten Dichtung erhebt. Ein in den Roman eingeschobenes Märchen (nach der Erzählerfigur «Klingsohr-Märchen» genannt) wiederholt die Romanbotschaft allegorisch, indem es die als Mädchen personifizierte Poesie («Fabel») den als bornierten Buchhalter («Schreiber») vorgestellten Verstand aus seiner Herrschaft vertreiben lässt. Eine Schlüsselszene imitiert den christlichen Abendmahlsritus: Ginnistan, die verstorbene Mutter von Fabel und Verkörperung der Fantasie, lebt durch einen magischen Trank in ihren Nachkommen fort. So entspricht diese allegorische Gestalt der Jesus-Figur. In seinem Gedichtzyklus *Hymnen an die Nacht* setzt Novalis seine eigene Verlobte, die schon im Jugendalter verstorben war, in diese Funktion ein. Er stellt sich selbst als Pilger zu ihrem Grab dar, an dem sich dann ihre Auferstehung und Himmelfahrt ereignen. Die so ermöglichte Trauerbewältigung tritt als privates Gegenstück der christlichen Passions- und Heilsgeschichte zur Seite.

Von Novalis' Texten aus gesehen erscheint die Bibel nicht als heilige Schrift mit exklusivem Offenbarungscharakter. Sie rückt in das breite Spektrum literarischer Inspirationsquellen ein (Mythen, Märchen, Legenden, Balladen, Romane), die Novalis' literarische Fantasie speisen und mit denen er wetteifert. Was er selbst als «Romantisieren» definiert (vgl. Kap. 1 b), wird in seinen Texten konkret, in beiden von ihm beschriebenen Richtungen: Nach dem Vorbild der Evangelien gibt er dem Tod seiner Geliebten einen «hohen Sinn», und durch die Verwandlung in persönliche Trauerbewältigung holt er die christliche Passionsgeschichte mit einem «geläufigen Ausdruck» ins irdisch Private. Friedrich Schlegel hat zwar keine vergleichbaren literarischen Gegenstücke zur Bibel geschaffen. Doch hat er die in derartigen Werken liegende Botschaft und Erwartung aufs Deutlichste formuliert: «Laßt die Religion frei, und es wird eine neue Menschheit beginnen.» (KFSA 2, 257)

Die Freiheit, die damit gemeint ist, ist die von kirchlichen Institutionen, Dogmen und Konfessionen. Dass Schlegel damit mehr trifft als nur das Anliegen seines Jenaer Zirkels, haben die Beispiele von Blake, Coleridge und Leopardi (vgl. Kap. 1 b) bewiesen. Und man kann weitere nennen. Der englische Dichter Percy Bysshe Shelley (1792–1822) fasst den Prometheus-Mythos neu, indem er ihn zum einen mit der Christus-Figur überblendet und zum anderen unter dem Eindruck der Französischen Revolution und der ersten Arbeiteraufstände in England zu einem rebellischen Erlöser umdeutet. Dieser *Prometheus Unbound* sucht keine himmlische, sondern die irdische Glückseligkeit in der herrschaftsfreien Selbstbestimmung des Menschen.

Unabhängig voneinander kamen ab dem Ende des 18. Jahrhunderts in mehreren europäischen Ländern der Anspruch und der Versuch auf, die Literatur nach zwei maximalen Vorbildern, der antiken Mythologie und der Bibel, neu zu denken und zu schreiben. Schriftsteller traten an, die enttäuschten Erwartungen an die Französische Revolution und die christliche Erlösungsbotschaft durch eine gewaltfreie, irdische Erneuerung der Gesellschaft als Lesegemeinschaft zu erfüllen. Wie gesagt: Größer und ehrgeiziger kann man von der Literatur nicht denken.

e) Der zweite Impuls der europäischen Moderne

Die modernen westlichen Gesellschaften sind Kinder der Aufklärung. Denn mit dieser entstand ihre maßgebliche Instanz: die kritische Öffentlichkeit. Nach ihrem idealisierten Selbstbild versteht diese Öffentlichkeit sich als ein Kontrollorgan der kollektiven Vernunft, vor dem alle Angelegenheiten des öffentlichen Interesses auf der Basis des besten vorhandenen Wissens debattiert werden und vor dem alle gesellschaftsrelevanten Entscheidungen anderer Instanzen sich zu rechtfertigen haben. Dass die Wirklichkeit diesem Anspruch nicht immer genügt, ändert nichts daran, dass dieses Ideal der kritischen Öffentlichkeit bis heute der wichtigste Garant für eine freie Gesellschaft ist. Es entstand aus der publizistischen Praxis der Aufklärungsphilosophie, die durch die Ausbreitung des Zeitschriftenwesens im letzten Drittel des 18. Jahrhunderts gesellschaftlich wirksam wurde. Die Aufklärung gab so den ersten Impuls zur europäischen Moderne.

Die Romantik brachte den zweiten. Sie war in ihrem Anfang keine Gegenwendung zur Aufklärung, sondern agierte auf deren Basis. Sie fiel nicht hinter den kritischen Anspruch der Aufklärung, insbesondere auch nicht hinter die Religionskritik zurück und war keine naive ‹Wiederverzauberung› der sich wissenschaftlich aufklärenden Welt. Wenn man hier überhaupt von ‹Verzauberung› sprechen will, dann geschah sie auf bewusste, selbstreflexive Weise, die den Zauber als solchen durchschaut, während sie ihn hervorbringt. Das von Novalis definierte ‹Romantisieren› und die beschriebene Kippfigur, in der die Transzendenz zu einer ihrer selbst bewussten Einbildung wird, belegen das. Beide kann man als Anerkennung und Versuch zur Lösung eines Problems ansehen, das die Aufklärung hervorgebracht hat, ohne es selbst lösen zu können. Es ist das Problem der zu großen Fragen, der zu weiten Perspektiven – der Fragen, die spekulativ über den arbeitsteiligen Fachverstand der modernen Wissenschaften und überhaupt über das empirisch Überprüfbare hinausgehen: Hat das Leben einen Sinn? Ist individuelles Leben als ein sinnvolles Ganzes oder als Teil einer großen, umfassenden Einheit zu verstehen? Gibt es ein Schicksal, eine unsterbliche Seele? Von jeher und bis heute sind es die Religionen, die darauf antworten.

Der Erfolg der Wissenschaften beruht darauf, solche Fragen nicht zu stellen. Doch sind diese dadurch nicht erledigt. Sie können auch diejenigen herausfordern, die wissen, dass diese Fragen auf der Höhe der wissenschaftlichen Vernunft nicht zu beantworten sind, und die gerade aufgrund der Vernunft die traditionellen religiösen Antworten bezweifeln. Man hat diesen Zustand als ‹metaphysische Obdachlosigkeit› bezeichnet. Es ist der Orientierungsverlust der aufgeklärt Ungläubigen in denjenigen Fragen, die über die Wissenschaft hinausgehen. Das Romantisieren ist ein Verfahren, mit diesem Zustand zurechtzukommen, und zwar durch imaginäre Bautätigkeit. Das ist erfolgversprechender, als es zunächst klingt. Denn da die metaphysische keine reale, sondern nur eine metaphorische Obdachlosigkeit ist, die einen Bewusstseinszustand meint, kann man sie auf genau dieser Ebene auch beheben. Eine nur vorgestellte Heimat reicht hin. Der neue Stil, der mit der romantischen Literatur in die Welt kam, lieferte genau dies: Er bietet Transzendenz als ästhetische Erfahrung. Sie wirkt auf die realen Lebenseinstellungen, weil diese sich nicht nur aus Wissen, sondern auch aus Vorstellungen ableiten, insbesondere bei den Themen, zu denen es kein wissenschaftlich gesichertes Wissen gibt.

Es macht einen Unterschied, ob einem in diesen Fällen die Vorstellungen als solche bewusst sind oder nicht – ob man die Unsterblichkeit der Seele, einen strafenden Gott, die heilsame Natur, das Schicksal oder die kollektive Identität, zu der man sich zugehörig fühlen will, als selbstgemachte Vorstellungen reflektiert oder für gesichertes Wissen hält. Der romantische Stil markiert genau diesen Unterschied. Er zeigt an, wo wir über die Verhältnisse unserer Vernunft hinausgehen. Im besten Fall wirkt dies als Antidot gegen jeden Fundamentalismus: Ein als selbstgemachtes bewusstes Jenseits mobilisiert wohl kaum Glaubenskrieger. Damit wurde die Romantik nach der Aufklärung zum zweiten Impuls der europäischen Moderne. Er führte zu einer kreativen, subjektivierten und ästhetisierten Form von Metaphysik. Wann immer wir uns mit einer nur vorgestellten Seelenheimat real zu trösten vermögen, sind wir Kinder der Aufklärung zugleich Erben der Romantik.

Madame de Staël, die erste Vermittlerin der deutschen Romantik in Europa, hat deren komplementäres (und nicht oppositionelles) Verhältnis zur Aufklärung klar gesehen. Sie fasst ihren Bericht über das Nachbarland und dessen neue Literatur und Philosophie in dem Begriff ‹Enthusiasmus› zusammen. Etymologisch erklärt sie ihn als «Gott in uns», erläutert dies jedoch so, dass es der Diagnose des selbstgemachten Jenseits entspricht. Denn der ‹Gott in uns› ist auch für de Staël die Einbildungskraft, durch die das menschliche Dasein zum Göttlichen hin «ausdehnungsfähig» sei (de Staël 376) – eine treffende Formulierung, um die Transzendenz nicht als andere, ‹höhere› Wirklichkeit, sondern als Dimension des menschlichen Vorstellungsvermögens auszuweisen. In diesem Enthusiasmus sieht de Staël die Quintessenz der deutschen Romantik, und sie empfiehlt ihn ihrem aufgeklärten Frankreich als notwendige Ergänzung. Ohne ihn drohe die formal vollendete klassizistische Kultur ihres Landes zu erstarren und ihren so selbstbewusst in ganz Europa hochgehaltenen ‹Geist› («esprit») und ‹guten Geschmack› («le bon goût») in Selbstgerechtigkeit, Oberflächlichkeit, Berechnung und Egoismus zu verlieren. Mit eigenem Enthusiasmus malt de Staël aus, wie die «enthusiastische Einbildungskraft» (de Staël 381) die Naturwahrnehmung, die Mitmenschlichkeit und das Denken ganz neu beleben und die Menschen zu einem selbstlosen, allumfassend harmonischen Glücksgefühl erheben kann, das in ihnen die besten Tugenden wecke. Mit Fanatismus, der sich auf eine exklusive Meinung versteife, habe der Enthusiasmus als universelles Harmonieempfinden nichts zu tun.

Der Perspektive von Madame de Staël entsprachen die Verhältnisse in Deutschland. Die Schlegels und Novalis wandten sich nicht gegen die Aufklärung als solche, sondern gegen deren konservatives Erstarren. Die dafür entscheidende Schwelle ist die Philosophie Immanuel Kants (1724–1804). Deren Programm ist die Selbstkritik der Vernunft hinsichtlich ihrer Erkenntnismöglichkeiten und -bedingungen. In seiner ersten Kritik, der *Kritik der reinen Vernunft*, kommt Kant zu dem Ergebnis, dass die Menschen die Dinge nicht so erkennen können, wie sie ‹an sich› sind, sondern nur so, wie sie ihrem Wahrnehmungs- und Begriffsvermögen vorkommen. In der zweiten, der *Kritik der praktischen Vernunft*, vertritt er die Auffassung, dass Freiheit, die Unsterblichkeit der Seele und das Dasein Gottes keine möglichen Gegenstände der Erkenntnis seien, sondern nur die notwendigen Forderungen der Vernunft, um den Menschen als moralisches Wesen denken zu können. Terminologisch unterscheidet Kant dabei zwischen ‹Begriffen› und ‹Ideen›, wobei die einen die Gegenstände der (empirisch überprüfbaren) Erkenntnis und die anderen die von der Empirie unabhängigen Produkte der Vernunft bezeichnen.

Die Frühromantiker nun stritten gegen diejenigen Aufklärer in Deutschland, die – wie allen voran der Berliner Verleger Friedrich Nicolai und der Popularphilosoph Christian Garve (1742–1798) – Kants Philosophie für leere Subtilitäten und für eine schädliche Verwirrung des ‹gesunden Menschenverstands› hielten. Das *Athenaeum* spitzte die Kantischen Positionen aphoristisch zu («Jeder Begriff von Gott ist leeres Geschwätz. Aber die Idee der Gottheit ist die Idee aller Ideen», KFSA 2, 257). Daher erschienen die Schlegels für Nicolai und Garve als noch verstiegener als Kant selbst. Der Streit zwischen beiden Seiten ist jedoch kein Streit der Romantik gegen die Aufklärung, sondern der Streit von Kantianern gegen die konservativen Vertreter der vorkantischen Common-Sense-Philosophie. Friedrich Schlegel bringt ihn polemisch auf den Punkt: «Die wenigen Schriften, welche gegen die Kantische Philosophie existieren, sind die wichtigsten Dokumente zur Krankheitsgeschichte des gesunden Menschenverstands. Diese Epidemie, welche in England entstanden ist, drohte einmal sogar die deutsche Philosophie anstecken zu wollen.» (KFSA 2, 174)

Der Konflikt ergab sich parallel auch auf dem Theater. Hier verspotteten Tiecks frühe Komödien *Der gestiefelte Kater* und *Die verkehrte Welt* das Publikum, das dogmatisch an den Normen des aufklärerischen bürgerlichen Schauspiels festhielt und alles ablehnte, was nicht deren realitätsnaher Moraldidaktik entsprach. Das Märchenstück *Der gestiefelte Kater* bringt dieses Publikum sogar mit auf die Bühne. Tieck zeigt es als eine Ansammlung von bornierten Besserwissern, die sich durch ihr selbstgerechtes Beharren auf Wahrscheinlichkeit und den ‹guten Geschmack› lächerlich machen. Der Gegner ist auch hier nicht die Aufklärung als solche, sondern deren dogmatische Verfestigung, die das Theater auf empfindsam erbauliche Moralerziehung verpflichten will.

23 Jahre nach de Staëls Deutschlandbuch erschien Heinrich Heines (1797–1856) Abhandlung *Die Romantische Schule* (1836). Sie trat dem enthusiastischen Bild, das die Französin gezeichnet hatte, entgegen und setzte die deutsche Literatur der gerade vergangenen Jahrzehnte in ein ganz anderes Licht. Heines Blick ist von den späteren Jahren geprägt, in denen die revolutionären Impulse der Frühromantik vergangen und von konfessionellen und restaurativen Tendenzen abgelöst worden waren. Diese Veränderungen folgten einschneidenden militärischen und politischen Ereignissen. Die Niederlage gegen Napoleon 1806 hatte ein kulturelles Kompensationsverlangen zur Folge, das die militärische Demütigung durch deutschnationale Selbsterbauung zu bewältigen suchte. Friedrich Schlegel ließ 1808 seine eigene Vergangenheit als «eine bloß ästhetische Ansicht der Dinge» hinter sich, um sich dem «ernsten Gedanken an Gott und Vaterland» (KFSA 3, 156) zuzuwenden. Im selben Jahr konvertierte er mit seiner Frau Dorothea zum Katholizismus. Im Zuge der Befreiungskriege vermischte sich bei vielen Autoren das literarische und deutsch-kulturpolitische Engagement mit antifranzösischer Kriegsrhetorik, mit der Restauration wurde es dann reaktionär. Schlegel stellte sich in die Dienste des Fürsten Metternich.

Diese Entwicklungen prägen Heines Romantikbild. So farbig und prägnant er viele Autoren und Werke schildert, so eindeutig ist doch seine Tendenz, die gesamte Romantische Schule als Gegenaufklärung erscheinen zu lassen. Bekräftigt wird dieser Eindruck durch den Kontrast zur gleichzeitigen französischen Romantik, die sich mit der Julirevolution von 1830 solidarisierte und sich gegen alles Restaurative als Freiheitsbewegung verstand. «Le romantisme», so definierte der hier produktivste und einflussreichste Autor Victor Hugo (1802–1885) knapp, ist «le *libéralisme* en littérature» (Hugo 1147). Dass diese progressive französische Romantik ihrerseits durch de Staëls Vermittlung der deutschen Literatur inspiriert war, verschweigt Heine.

De Staël und Heine blickten aus unterschiedlicher Warte, von der aus sich ihr Romantikbild unterschiedlich, ja sogar gegensätzlich einfärbte. Die eine stand unter dem Eindruck des phänomenal Neuen, das mit der romantischen Literatur in die Welt kam. Den anderen vertrieb gut 20 Jahre später die restaurative Politik ins französische Exil, wodurch das romantische Deutschland für ihn insgesamt reaktionäre, antimoderne Züge erhielt. Heines Romantikbild ist nach dem Zweiten Weltkrieg sehr wirksam geworden, als man zur Erklärung des Nationalsozialismus auf eine irrationale deutsche Nationalpsychologie spekulierte, die aus der westlichen Zivilisation ausgeschert sei. Wer auf de Staëls Bild sieht, wird an eine andere Qualität erinnert, die ein wichtiges Erbe der (nicht nur deutschen) romantischen Literatur ist. Es ist das hier erläuterte Stilphänomen, das weltanschaulich wirksam werden kann, indem es eine subjektivierte, bewusst ästhetisierte und damit im besten Fall liberale Form von Metaphysik vermittelt – das Phänomen, mit dem die Romantik nach der Aufklärung zum zweiten Impuls der europäischen Moderne wurde.

2. Die Modernisierung der Literatur

a) Eine Leserevolution und der Aufstieg des Romans

Die Ausweitung der Leserschaft und die Entstehung des Buchmarkts verdankten sich hauptsächlich der Gattung Prosaroman. Deren Nährboden war die Empfindsamkeit, denn die Attraktivität dieses anfangs schlecht beleumundeten Lesefutters lag darin, intimste Gefühle zur Sprache zu bringen. Im Freiraum der Fiktionalität ließ sich offen artikulieren, was sonst in die engste Privatsphäre eingeschlossen blieb. Der Briefroman erwies sich als besonders geeignet dafür, indem er die intime Aussprache unter Freundinnen, Freunden und Liebenden simulierte. Eines der erfolgreichsten Beispiele lieferten Jean-Jacques Rousseaus (1712–1778) *Briefe zweier Liebender* (*Lettres de deux amans*, 1761), die mit ihrem Untertitel *La nouvelle Héloïse* berühmt wurden. Der Name zeigt die Illegitimität der hier präsentierten

Liebesgeschichte an. Héloïse war eine französische Nonne und Äbtissin aus dem 11. Jahrhundert, die ihren Hauslehrer Peter Abaelard liebte, wie der erhaltene Briefwechsel der beiden dokumentiert. Goethes *Werther*-Roman (1774) knüpfte an den internationalen Erfolg der Gattung Briefroman an. Er wurde zum ersten Fall original deutschsprachiger Literatur, die eine große Resonanz über die eigenen Landesgrenzen hinaus erzielte.

Bis zum Ende des 18. Jahrhunderts verbreitete sich solcher Lesestoff enorm. Aktuelle Belletristik wurde zum dynamischsten Bereich der Literatur und setzte sich deutlich gegen die zuvor dominierende religiöse Lektüre durch. Das lag zum einen an der mit der Schulpflicht voranschreitenden Alphabetisierung, zum anderen an den neuen Institutionen der Leihbibliotheken und Lesegesellschaften. Sie brachten die Bücher auch in die Hände weniger begüterter Schichten. Ihre Zahl wuchs schnell an: In den 1760er-Jahren gab es in Deutschland acht Neugründungen von Lesegesellschaften, in den 1770er-Jahren kamen 50 und in den folgenden beiden Jahrzehnten 170 bzw. 200 hinzu. In diesen Zirkeln, aber auch im häuslichen Kreis der Familie sowie unter Freundinnen und Freunden wurde das gesellige Vorlesen zur weitverbreiteten Gewohnheit. Nach einem erhaltenen Bestandskatalog der Leipziger Leihbücherei «Museum» waren Romane mit rund 2500 Titeln die mit Abstand führende Gattung. Sie wurde von immer mehr Schriftstellern mit immer mehr Titeln fleißig bedient. August Lafontaine (1758–1831), Verfasser bürgerlich-empfindsamer Romane, füllte mit seinen Werken etwa 160 Bände. Kritiker sprachen in solchen und ähnlichen Fällen abfällig von ‹Romanfabriken›. Typologisch spricht man vom Umschlag des ‹intensiven› ins ‹extensive› Lesen: Anstatt wie zuvor wenige Bücher (wie die Bibel und den Katechismus) immer wieder vorzunehmen, entwickelten die Menschen einen Lesehunger nach immer neuen Titeln.

Stärker noch als die Produktion rief die Rezeption Besorgnis und Empörung hervor (das ist im Blick auf neue Medien heute nicht anders). Die Diagnose einer sich ausbreitenden ‹Lesesucht› oder ‹Lesewut› machte die Runde, wobei es zumeist Frauen und junge Männer waren, die man befallen sah, und zumeist ältere Männer, die die Diagnose stellten. Auch der explizite Vergleich dieses Umbruchs im Leseverhalten mit der Französischen Revolution fehlte nicht. Von konservativer Warte aus erschienen beide als die größten Anschläge auf die Sittlichkeit und das Glück der Gesellschaft. Eine bemerkenswerte Gegenstimme hat Madame de Staël erhoben. In ihrer Abhandlung *Über die Literatur in ihren Beziehungen zu den gesellschaftlichen Institutionen* (*De la littérature considérée dans ses rapports avec les institutions sociales*, 1800) bewertet sie die zunehmende Schriftstellerei und das zunehmende Lesen optimistisch als Chance, die Ideale der Aufklärung durchzusetzen. Mit diesem Optimismus sollte sie dann die deutsche Romantik entdecken und vermitteln.

Die Schwelle vom negativen zum erwartungsvoll positiven Romanverständnis markiert Friedrich Schlegel. Sein *Brief über den Roman*, der 1800 im *Athenaeum* erschien, überschreitet sie programmatisch. Ganz im Sinne der aktuellen Stimmung ist der Text aus der Warte eines Mannes geschrieben, der eine eifrige Romanleserin sorgenvoll warnen und eines Besseren belehren will. Dieses Bessere besteht jedoch nicht in der Ablehnung der Gattung, sondern im Hinweis auf die richtigen Exemplare. Schlegel stellt einen kleinen Kanon kunstvoller Prosaromane auf, den er gegen das anspruchslose Lesefutter (beispielhaft dafür auch hier August Lafontaine) stellt. Den Kanon bilden Laurence Sterne, Jean Paul und, in zentraler Position, Denis Diderots Roman *Jacques le fataliste et son maître*. Dessen deutsche Übersetzung war 1792 vier Jahre vor dem Original im Druck erschienen. An diesem Beispiel erläutert Schlegel, worin die Kunst des Romans für ihn besteht: im skurrilen Witz, der sich nicht nur im Inhalt, sondern auch in der Erzählweise zeigt. Diderots Erzählerfigur behauptet zugleich die Überlieferungstreue und die erfinderische Beliebigkeit seiner Geschichte. Er erzählt von vielem, was er nicht so genau wisse, und deutet umgekehrt immer wieder an, mehr zu wissen, es aber nicht erzählen zu können oder zu wollen. Am Ende lässt er offen, wie die Geschichte ausgeht, indem er mehrere Überlieferungsvarianten und Vermutungen unentschieden nebeneinanderstellt. Die Kunst des Prosaromans, gibt Schlegel zu verstehen, ist dessen bewusste, selbstbezügliche spielerische Willkür. Auch Sterne und Jean Paul gehören mit genau dieser Eigenschaft zu seinem Kanon.

Schlegels Begriff für diese kunstvoll willkürliche Form ist ‹Arabeske› (nach den verschlungenen Ornamenten der islamischen Malerei). Er negiert das Ordnungs- und Klarheitsideal der klassizistischen Ästhetik und richtet sich auch grundsätzlich gegen das Gattungsdenken. Seine Romanpoetik liefert nicht einfach nach, was den traditionellen Dichtungstheorien aufgrund ihrer Missachtung der Prosaform noch fehlte, vielmehr soll sie jede Gattungsordnung sprengen. Die bislang als theorieunwürdig geltende Form macht Schlegel zum Leitbild jenseits allen Gattungsdenkens, dessen Ideal die Gattungsmischung in selbstbewusster, spielerischer Willkür ist. Deshalb ist es konsequent, wenn er in seiner Neubewertung des Romans zugleich betont, dass er ihn, «insofern er eine besondere Gattung sein will, verabscheue» (KFSA 2, 335). Einen ganz eigenen Witz hat seine kurze Definition: «Ein Roman ist ein romantisches Buch.» (KFSA 2, 335) Nach der traditionellen Wortbedeutung von ‹romantisch› ist das eine Tautologie. Nach der neuen Bedeutung, die der Jenaer Kreis diesem Wort gab (vgl. Kap. 1 a), ist es mehr. Es ist das Programm, die abenteuerliche Willkür der Romanfiktionen auf die literarischen Formen zu übertragen.

In seinem eigenen Roman *Lucinde* – es ist sein einziger, und es liegt nur der 1799 veröffentlichte erste Teil vor, die Fortsetzung blieb Fragment – hat Schlegel sein Programm in die Tat umgesetzt. Das Werk gibt ein Beispiel, wie man einen Roman schreibt, der ‹keine besondere Gattung› ist. *Lucinde* besteht aus einer Abfolge von ganz verschiedenen Textformen – Erzählung, Brief, Dialog, Essay in abwechselnd enthusiastischem und satirischem Stil –, die auch thematisch in unterschiedliche Richtungen weisen. Locker zusammengehalten wird das Ganze durch die erotische Spannung eines jungen Paares, das auf das Ideal einer gleichermaßen sinnlich-körperlichen, emotionalen und intellektuellen Liebe ausgerichtet ist. Diese ersehnte menschliche Totalität in exklusiver, bigeschlechtlicher Partnerschaft gibt das

Modell der ‹romantischen› Liebe. Bei seinem Erscheinen machte der Roman Skandal, weil man in dem dargestellten Liebespaar allzu deutlich den Autor selbst in seiner unehelichen Beziehung zu Dorothea Veit wiedererkannte. Formal gesehen nimmt Schlegels *Lucinde* die ‹offene Form› vorweg, die erst später im 20. Jahrhundert häufiger verwendet wurde.

Die allermeisten Romane um 1800 lösen die Gattung nicht so radikal auf, sondern binden vor allem Gedichte, auch längere Balladen und Novellen in eine kohärente Prosaerzählung ein. Als Inspiration wirkte dafür u. a. Cervantes' *Don Quijote.* Ludwigs Tiecks Übersetzung (1799–1801 erschienen) machte die literarische Qualität des Originals zum ersten Mal auf Deutsch zugänglich und aktualisierte damit das Interesse an ihm. Auch in England und Frankreich wandten sich Schriftsteller diesem alten Roman neu zu und veränderten dabei wie in Deutschland den Blick auf den Titelhelden. Er wurde nicht länger nur als Verlach- und Warnfigur gesehen, sondern auch als Repräsentant von Individualität geschätzt. An seinem Fall konnte man mitempfinden, wie hart sich die subjektive Vorstellungswelt an der Wirklichkeit stoßen kann.

Der von Schlegel empfohlene Jean Paul (1763–1825, eigentlich Johann Paul Friedrich Richter, das Pseudonym gab er sich aus Verehrung für Jean-Jacques Rousseau) hat rund zehn umfängliche Romane vorgelegt, die aller geordneten Erzählkonvention spotten und sich zwischen anspruchsvoller Komplexität und selbstironischer Verworrenheit präsentieren. Bei keinem Autor trifft es mehr zu, dass sich die abenteuerliche Willkür auf die Erzählformen erstreckt. Eine breite, vor allem weibliche Leserschaft gewann Jean Paul durch seine eindringlich-sensible Psychologie. Damit schloss er an den Erfolg der empfindsamen Romane an, erweiterte sein Problemspektrum jedoch auf die verschiedensten gesellschaftlich aktuellen Themen. Der dominante Eindruck seiner Romane ist die Skurrilität, sowohl der Erzählweise als auch der Figuren und ihrer labyrinthischen Lebenswege. Die Haltung und Stimmung, die in diesen Romanen zum Ausdruck kommen, hat der Autor selbst als «Humor» bezeichnet und als das «umgekehrte Erhabene» definiert (Jean

Paul 125). Es ist der heiter resignierende Blick auf die durchgehende, unabänderliche Torheit der Welt.

b) Strategien der Offenheit: Ironie und Fragment

Was die Zeitgenossen am meisten an der Frühromantik irritiert hat, war die Ironie, genauer: die neue Form der Ironie, die der Jenaer Kreis zur strategischen Verunsicherung seines Publikums entwickelt hat. Der Plan ging auf, die Irritation und die Empörung waren groß. Vor allem die Berliner Spätaufklärer (neben den schon genannten Nicolai und Garve der Publizist Garlieb Merkel und der Theaterautor August von Kotzebue) traten mit Streitschriften und Satiren öffentlich gegen den unerhörten Ton der Romantiker auf.

Das Neue an der romantischen Ironie ist ihre Unentschiedenheit. Es ist nicht die einfache rhetorische Stilfigur, das Gegenteil von dem zu sagen, was man meint. Die romantische Ironie ist die Kunst, im Unklaren zu lassen, wie ernst der Autor sich selbst nimmt. Sie ist damit eine eigene Variante der Kippfigur (vgl. Kap. 1 b), des charakteristischen neuen Phänomens in der Romantik. Sie entfaltete sich besonders in der ebenfalls neuen Gattung der ‹Fragmente›, die großen Raum im *Athenaeum* einnimmt und die Friedrich Schlegel 1797 schon in der Zeitschrift *Lyceum der schönen Künste* ausprobiert hatte. Die frühromantischen Fragmente sind kurze Texte von einer Länge zwischen einem kurzen Satz und einem gut halbseitigen Absatz. Sie knüpfen an die französische Tradition der Aphoristik an (als Vorbild diente vor allem Nicolas Chamfort, 1741–1794), erben deren Witz und pointenreichen Stil, sind aber in ihren Gedanken und Themen viel sprunghafter und finden eine eigene Balance aus Ernst und Unernst. Der gewählte Gattungsname soll an die Fragmente der Vorsokratiker erinnern. Das sind durch Zitate in anderen Texten überlieferte Aussagen vorplatonischer Philosophen von oft inspirierender Prägnanz (etwa: «Der Mensch ist das Maß aller Dinge», Protagoras zugeschrieben). Die frühromantischen Fragmente suchen immer wieder diese Qualität, etwa in dem Satz, der Novalis' Fragmentsammlung *Blüthenstaub* eröffnet: «Wir suchen überall das Unbedingte, und finden immer nur Dinge.» (Novalis 2, 227) Ob man darin als Leser allerdings eine philosophische Weisheit sieht, hängt davon ab, wie ontologisch kategorial oder konkret und trivial man das ‹Dinge finden› hier verstehen will.

Novalis' Titel *Blüthenstaub* deutet die Fragmente als kleinste, flüchtige Teilchen, die beim richtigen Zusammentreffen befruchtend wirken – eine schöne Metapher für die Anregung, die von ihnen ausgehen kann. Langfristig haben die Fragmente der Frühromantiker auch so gewirkt. Nicht wenige von ihnen sind für das Romantikverständnis heute kanonisch geworden, allen voran Schlegels Rede von der «progressiven Universalpoesie», die zu den *Athenaeums*-Fragmenten gehört. Den Zeitgenossen erschienen sie jedoch vor allem als anmaßend und im Ton wie im thematischen Durcheinander unseriös. Zum besonderen Streitfall wurde die Aussage: «Die Französische Revolution, Fichtes Wissenschaftslehre, und Goethes Meister sind die größten Tendenzen des Zeitalters.» (KFSA 2, 198) Das politische Jahrhundertereignis auf eine Stufe mit einem philosophischen und einem literarischen Buch zu stellen, die beide außerhalb des Jenaer Akademikerkreises noch kaum Resonanz hatten, erschien vielen als übermütiges Gerede oder als Frechheit, mit der Schlegel sich über die Leserschaft lustig mache. Nimmt man aber die beiden Bücher nicht für sich selbst, sondern stellvertretend für den beginnenden deutschen Idealismus und die Karriere des Prosaromans, dann erscheint diese Reihung weniger abwegig. Sie stellt tatsächlich die zeitgenössisch entscheidenden Tendenzen in Politik, Philosophie und Literatur zusammen. Heute wird man viel mehr Fragmente für seriöser halten, als die meisten Zeitgenossen es taten. Der übermütige Ton und das thematische Durcheinander – von der Philosophie und Altertumskunde bis zu Umgangsformen und Modeerscheinungen – bleiben gleichwohl. Die Fragmente reflektieren das launige Selbstbewusstsein des Jenaer Kreises der Frühromantiker und seinen nach allen Seiten hin ausgeteilten Spott.

Friedrich Schlegel hat in seinen Fragmenten eine eigene Theorie der Ironie skizziert. Sie hat eine soziale und eine erkenntnistheoretische Dimension. Die eine zielt auf Abgrenzung: Mit der strategischen Unentschiedenheit, wie ernst eine Aussage zu nehmen ist, erhebt sich eine Insider-Gruppe, die das Spiel treibt und versteht, über alle anderen, die nicht dazugehören. In Schlegels Worten: «Es ist ein sehr gutes Zeichen, wenn die harmonisch Platten gar nicht wissen, wie sie diese stete Selbstparodie zu nehmen haben, immer wieder von neuem glauben und mißglauben, bis sie schwindlicht werden, den Scherz grade für Ernst und den Ernst für Scherz halten.» (KFSA 2, 160) In erkenntnistheoretischer Hinsicht drückt Schlegels Ironie eine ambivalente Haltung zwischen Skepsis und Wahrheitssuche aus. Sie markiert einerseits den Zweifel, ob philosophisch absolute Wahrheiten überhaupt formuliert werden können, und versucht dies andererseits doch immer wieder. Ähnlich wie Novalis' erstes *Blüthenstaub*-Fragment sieht Schlegel darin den «Widerstreit des Unbedingten und des Bedingten» (KFSA 2, 160): des unbedingten Wahrheitsanspruchs und des Bewusstseins, dass jede eigene Formulierung, die ihn erhebt, durch die je individuelle Perspektive bedingt ist. Die Selbstparodie treibt Schlegel indes weiter als Novalis, wenn er die Ironie «transzendentale Buffonerie» (KFSA 2, 152) nennt. ‹Transzendental› ist der Begriff, mit dem Kant die Perspektive seiner Erkenntniskritik bezeichnet hat, ‹Buffonerie› (von ital. ‹buffo› = komisch) meint eine Albernheit, im engeren Sinne ein derb-komisches Bühnenstück oder eine Operette. Schlegel, sieht man, pflegte den provokanteren Stil und die stärkere Selbstironie.

Der neue Ton brachte dem *Athenaeum* beim zeitgenössischen Publikum keinen Erfolg. Die Zeitschrift musste nach drei Jahrgängen aufgeben. Den jungen Friedrich Schlegel hätte es mit Genugtuung erfüllt, wenn er hätte wissen können, dass seine Zeitschrift in der zweiten Hälfte des 20. Jahrhunderts mehrfach nachgedruckt wurde, in allen wissenschaftlichen Bibliotheken präsent war und die literaturwissenschaftlich-philosophischen Diskussionen um die Postmoderne gerade mit ihrer Ironie entscheidend inspiriert hat. Den älteren Friedrich Schlegel hätte das jedoch irritiert, denn er hat sich von seiner ironischen Phase distanziert. Im letzten Heft des *Athenaeums* veröffentlichte Schlegel indes noch einen Beitrag, der das Verhältnis zu seinen Lesern wie den Stier bei den Hörnern packt und *Über die Unverständlichkeit* überschrieben ist. Er dreht den Vorwurf, unverständlich zu sein, ins Gegenteil: Alle menschliche Zufriedenheit hänge gerade an der Unverständlichkeit, insofern es immer einen letzten Punkt gebe, «der im Dunkeln gelassen werden muß, dafür aber auch das Ganze trägt und hält» (KFSA 2, 370). So wie Schlegel von diesem Punkt spricht, ist er sowohl auf gehütete Familiengeheimnisse zu beziehen, die man zum Erhalt des Familienfriedens besser unentdeckt lässt, als auch auf das Ergebnis von Kants Philosophie. Denn aus ihr resultiert das von Kant selbst nicht geklärte Problem, dass die determinierte Welt der Naturgesetze und die Freiheit der menschlichen Selbstbestimmung unvermittelt und unvermittelbar nebeneinanderstehen. Es ist eine eigene Kippfigur aus Scherz und Ernst, dieses ungelöste Grundproblem der Transzendentalphilosophie mit launiger Familienpsychologie zu verbinden. «Die freieste aller Lizenzen» (KFSA 2, 160) nennt Schlegel seine Ironie, und er nimmt sie auch als solche für sich in Anspruch.

Die romantische Ironie ist aber nicht nur die Friedrich Schlegelsche. Neben der philosophischen Aphoristik begegnet sie vor allem als Spiel mit literarischen Gattungskonventionen. Besonders virtuos geschieht dies in Ludwig Tiecks frühen Komödien (*Der gestiefelte Kater*, *Prinz Zerbino*, *Die verkehrte Welt*). Sie beginnen mit dem Epilog und enden mit dem Prolog, inszenieren Dichter, Regisseur, Bühnentechniker und die Zuschauer der Stücke gleich mit und lassen sie mit den Schauspielern die Rollen tauschen. Sie treiben das Spiel im Spiel so weit, dass die Figuren selbst nicht mehr wissen, auf welcher Ebene sie gerade agieren, und lassen die Figuren über ihre eigenen Rollenkonventionen reflektieren und klagen. In Clemens Brentanos (1778–1842) Roman *Godwi* diskutiert die Titelfigur mit ihrem Erzähler, ob ihr Charakter und ihr Schicksal nicht anders hätten ausfallen können. Beide beschließen, den zweiten Romanteil gemeinsam zu verfassen, bis der Erzähler plötzlich stirbt und die Figur sich allein zu Ende schreiben muss.

Auch Lord Byron (1788–1824), dessen Name sich mit dem ernst-rebellischen Weltschmerzler, dem ‹Byronschen Helden›, verbunden hat, ist die Ironie nicht fremd. Er richtet sie auf das Heldenkonzept. Sein sehr erfolgreiches Versepos *Don Juan* greift die durch Mozarts Oper populär gewordene Figur auf – was zu Beginn des Textes als Verlegenheitslösung mangels besserer Alternativen eingestanden wird –, kehrt sie aber ins Gegenteil. Byrons Don Juan ist kein frevelnder Triebtäter, er ist vielmehr ein zurückhaltender, fremdbestimmter, eher der Treue als der Lust zugeneigter Mann, dem die Zudringlichkeit vieler Frauen und, wenn er sich in Frauenkleidern versteckt, auch Männer als fortgesetztes Unheil und Peinlichkeit widerfährt. Er sucht keine Abenteuer, sondern gerät ungewollt in sie hinein und besteht sie mit Glück und Zufall.

Tiecks Komödien, Brentanos Roman und Byrons Heldenepos enthalten die Reflexion auf ihr eigenes ‹Gemachtsein›, und zwar aus der Warte individueller Willkür heraus, die mit den Gattungskonventionen spielt. Konventionalität und Individualität treten damit in ein Spannungsverhältnis. Das einzelne Werk erscheint zugleich als ein Vertreter und als ein Gegenspieler seiner Gattung. Genau in dieser Ambivalenz liegt die romantische Ironie. In ihr drücken sich Freiheit und Willkür des Autors gegenüber seinem eigenen Werk aus oder anders gesagt: der Selbstverständlichkeitsverlust der Konventionen und die Distanz des Individuums ihnen gegenüber. Die romantische Ironie widerspricht allen Ansprüchen auf Authentizität und objektive Gültigkeit. Romantisch ironisch ist das, was selbst anzeigt, dass es auch anders sein könnte, als es ist.

c) Das Fantastische

Eine der wichtigsten Bereicherungen, die mit der Romantik in die Literatur kamen, ist das Fantastische. Um das zu sehen, muss man den Begriff im engeren literaturwissenschaftlichen Sinne nehmen, der ihn einerseits vom Realistischen und andererseits vom Wunderbaren abgrenzt. Realistisch ist das, was den Gesetzen der Wirklichkeit entspricht; wunderbar das, was ihnen widerspricht, in einer Textwelt jedoch als Tatsache gilt. Zauberer, Hexen, Feen und deren magische Fähigkeiten etwa sind wunderbare Elemente der Märchenwelt. Das Fantastische meint eine unentschiedene Qualität dazwischen. Es ist das, von dem man nicht genau weiß, ob es bloße Einbildung ist oder tatsächlich als ein wunderbares Element anerkannt werden soll. Die romantische Literatur kultiviert diese Unentschiedenheit, die man abermals als eine eigene Variante der Kippfigur (vgl. Kap. 1 b) bezeichnen kann. Sie entsteht am einfachsten dadurch, dass Wunderbares nicht objektiv, sondern nur aus der subjektiven Wahrnehmung einer Figur dargestellt wird, so dass man sich fragen muss, ob es nicht bloß ein Hirngespinst ist. Ein Beispiel: William Wordsworth schildert in seinem autobiographischen Versepos *The Prelude or, Growth of a Poet's Mind*, wie auf einer nächtlichen Bootsfahrt die Felsen um ihn herum lebendig werden, ins Gigantische wachsen und ihn zu verfolgen scheinen. Man kann das als eine optische Täuschung des Rudernden rationalisieren. Der Erzähler hält es indes als ein reales Erlebnis in seinem Inneren fest:

Kein wohlvertrautes Bild
Von Alltagsdingen blieb, Gestalt von Bäumen,
Von Meer und Himmel, grüner Felder Farben;
Nur groß-erhabne Formen, deren Leben
Nicht nach des Menschenlebens Weise ist (Koppenfels 251)

Die irreale Lebendigkeit der Felsen ist hier weder ein Wunder noch eine Sinnestäuschung, sie ist die subjektive Erlebnisqualität des Erzählers. Das fantastische nächtliche Ereignis stellt ein reales, menschlich-psychologisches Phänomen dar: die intensivierte Naturerfahrung, die der autobiographische Erzähler in diesem Text als Schlüsselerlebnis für seine Dichterkarriere mitteilt.

Das ist überhaupt das epochale Ereignis des romantisch Fantastischen: Es verwendet übernatürliche, wunderbare Elemente auf ganz neue Weise als Ausdrucksmittel realer menschlicher Psychologie. Der produktivste Autor ist in dieser Hinsicht E. T. A. Hoffmann. Eine seiner bekanntesten Erzählungen, *Der*

Sandmann, erfasst mit dem Mittel des Fantastischen das, was man heute als den Wiederausbruch eines Kindheitstraumas bezeichnen kann. Hoffmann hatte diesen Begriff noch nicht, doch stellt er das damit Gemeinte eindringlich dar. Im titelgebenden Sandmann kommen drei Figuren zusammen, die sich nur in der Vorstellungswelt des Protagonisten Nathanael überblenden: eine grausige, augenraubende Schreckgestalt aus einem Ammenmärchen, das Nathanael als Kind erzählt bekommt, ein gefürchteter Freund des Vaters, den Nathanael für dessen Tod verantwortlich macht, und ein nach vielen Jahren plötzlich wieder auftauchender dubioser Mann, in dem Nathanael den Mörder seines Vaters wiedererkennen will und von dem er sich nun seinerseits bedroht fühlt. Seine Freundin versucht, ihm diese Unheilsgestalt als krankhafte Einbildung auszureden. Aber auch wenn sie nur eine Einbildung ist, gewinnt sie für Nathanael eine so beängstigende psychische Realität, dass sie ihn am Ende in den Suizid treibt. Das Fantastische ist bei Hoffmann kein gegenaufklärerischer Spuk. Es ist ein Versuch, psychopathologische Situationen aus der Binnenperspektive heraus zu simulieren und so verständlicher zu machen. Das ist Hoffmann so gut gelungen, dass Sigmund Freud und Carl Gustav Jung seine Erzählungen wie tiefenpsychologische Lehrstücke gelesen und für ihre Theoriebildung genutzt haben. Hoffmann hat sich seinerseits für die zeitgenössische psychopathologische Forschung interessiert und sich dazu u. a. an den Mediziner Johann Christian Reil (1759–1813) gehalten, auf den Begriff und Fach der ‹Psychiatrie› zurückgehen.

Ein früherer, wahrscheinlich der früheste Text, in dem das Fantastische auftritt, ist die Erzählung *Der blonde Eckbert* von Ludwig Tieck. Sie erschien 1797 in Tiecks Sammlung *Volksmärchen.* Die Gattungsbezeichnung trügt in diesem Fall, denn diese Erzählung verarbeitet keinen kollektiv überlieferten Märchenstoff. Sie geht ganz allein auf Tiecks Fantasie zurück, und wenn sie auch viele konventionelle Märchenelemente enthält – eine Hexe, die ihre Gestalt wandelt; ihr einsames, aus der Welt entrücktes Haus mit einem sprechenden, Edelsteine legenden Vogel, zu dem ein Mädchen findet, das ihren Eltern entlaufen ist; ein kleines Schloss, auf dem ein einsames altes Ehepaar lebt –, so entsteht daraus keine konventionelle wunderbare Märchenwelt. Das Märchenhafte erscheint hier vielmehr als Fantastisches, da es weitgehend subjektiv, aus der Figurenperspektive geschildert wird. So ist es als Trost- und Angstvorstellung des alten Ehepaars zu verstehen. Wie sich am Ende herausstellt, sind es Halbgeschwister, die im Inzest leben. Das wunderbare Hexenhaus, zu dem das Mädchen gelangt, ist der Ort, an den sich die Frau in ihrer Kindheit in der Fantasie flüchtete, womit sie sich aus der Lieblosigkeit ihres Vaters und ihrer Abschiebung zu Pflegeeltern zu retten versuchte. Die gestaltwandlerische Hexe ist die Vision des Ehemannes in seiner Angst vor demjenigen, der den von ihm immer schon geahnten, doch verdrängten Inzest entdeckt. Zwar geht der Text nicht restlos in dieser psychologisch-realistischen Erklärung auf. Die Märchenelemente haben auch einige autonome Züge, die sich nicht dareinfügen. Dennoch funktioniert das Märchenhafte hier in der Hauptsache fantastisch als Vergegenwärtigung subjektiver, seelischer Not.

Hoffmanns Erzählungen gewinnen ihren eigenen Reiz daraus, dass sie das Fantastische im Spannungsverhältnis zum Realistischen wie zum Wunderbaren zeigen. Es lässt sich sowohl realistisch als subjektive Einbildung und Psychopathologie interpretieren als auch wunderbar als Vorstellung einer Märchen- oder Gespensterwelt. Die Erzählung *Der goldene Topf* verbindet diese beiden Perspektiven, indem sie die mythisch-märchenhafte Wirklichkeit eines Salamanders und seiner schlangenhaft betörenden Tochter Serpentina mit der spießbürgerlichen Wirklichkeit im zeitgenössischen Dresden verschränkt. Zwischen beiden Welten steht der junge Student Anselmus. Er fühlt sich abwechselnd zur bürgerlichen Berufskarriere und zu Serpentina hingezogen, die er in sich schlängelnden Zweigen oder in Wasserwellen zu sehen glaubt, woraufhin ihn die Dresdner Bürger für betrunken oder wahnsinnig halten. Hoffmann führt das auf so unterhaltsam groteske wie anrührende Weise aus. Anselmus wird zur lächerlichen und zugleich schwermütigen Figur. Seine Hinneigung zur Märchenwelt vergegenwärtigt, wie ein junger Mann, von der bürgerlichen Normalität frustriert, sich nach intensiveren Erlebnissen, insbesondere Liebeserlebnissen, sehnt.

In der Erzählung *Das Majorat* verwendet Hoffmann den Geisterspuk für eine politische Botschaft. Zwei Jahre nach dem Wiener Kongress veröffentlicht, präsentiert dieser Text die Restauration als Gespenstergeschichte. Sie handelt von einem alten Schlossherrn, der das alleinige Erbrecht des Erstgeborenen (das ‹Majorat›) wieder einführt, um seine Familie und ihren Besitz dynastisch zu stärken. Aufgrund der Missgunst des jüngeren Bruders und eines übersehenen unehelich Erstgeborenen führt dieser Entschluss allerdings ins Verderben. Durch einen spukenden Schlossgeist in Gestalt eines alten Dieners und durch die schwarzkünstlerischen Praktiken des alten Schlossherrn, die ihn sein Leben kosten, erscheint die ganze Aristokraten- als Gespensterwelt. Sie wird von einem zur Aufklärung herbeigerufenen bürgerlichen Juristen in ihrem Verderben durchleuchtet und beendet – im Jahr 1817 eine deutliche Botschaft. Hoffmanns Spukgeschichte reaktiviert nicht den Gespensterglauben, sondern nutzt ihn ästhetisch, um die Restauration als Anachronismus darzustellen.

Doch erschöpft sich die Geschichte nicht in ihrer politischen Botschaft. Hoffmann macht die Leselust an Spukgeschichten selbst zum Thema und ironisiert dabei die psychologische Rationalisierung des Fantastischen. Der Ich-Erzähler des *Majorats*, ein junger Begleiter des Juristen, liest im nächtlichen Schloss Geistergeschichten und hält das dann auftretende Schlossgespenst zunächst für eine Projektion seiner überreizten Fantasie, bis er mit doppeltem Schreck erkennen muss, dass er tatsächlich einem Gespenst gegenübersteht. So löst Hoffmann, der Meister des psychorealistisch Fantastischen, es auch einmal selbstironisch zum Wunderbaren hin auf. Mit einem seiner zeichnerischen Selbstporträts bietet Hoffmann die beste Allegorie für sein Erzählen: Es zeigt ihn mit einem Stift in der Hand und einem Blatt Papier, von dem aus eine schwungvoll hin und her ziehende Linie über den Blattrand hinaus in die Luft steigt (Abb. 3). Hoffmanns Fantastik steigt ebenso über

3 E.T.A. Hoffmann, *Selbstporträt mit Blatt und Zeichenstift*, Bamberg, Staatsbibliothek

jeden festen, realen Grund hinaus, verliert sich aber nicht im Nichts, sondern führt auf epochal neue Weise in die menschliche Psyche.

d) Schauerromantik

Das extensive Lesen ging seit dem letzten Drittel des 18. Jahrhunderts mit dem Erfolg eines Romantypus einher, mit dem die massenwirksame Unterhaltungsliteratur in die Welt kam: des Schauerromans. Der Gattungsname bezeichnet die angestrebte Wirkung, und zwar mit einer anschaulichen Metapher. Bei den Leserinnen und Lesern sollen Affekte erregt werden, die wie ein Unwetter finster und überwältigend hereinbrechen. Aufgeboten werden dazu leicht emotionalisierbare Themen (Liebe, Sexualität und Trieb, Mord und rätselhafte Todesfälle, Wahn), starke

Kontraste von unschuldigen Opfern und schändlichen Tätern, die Aura des Geheimnisvollen sowie die Qualitäten des Fantastischen und Wunderbaren. Seinen Ursprung hatte dieser Romantypus in England. Als grundlegendes Muster gilt *The Castle of Otranto* (1764) von Horace Walpole (1717–1797). Seine Geschichte spielt im mittelalterlichen Italien und handelt von einem seit Generationen zurückliegenden Mord, der auf wunderbare Weise an einem späten Nachkommen der einstigen Mörder gerächt wird. Die Strafe ist die Auslöschung seines ganzen Geschlechts. Der späte Nachkomme vollendet sie selbst, indem er durch einen Verwechslungsirrtum seine einzige Tochter ersticht. Sein einziger Sohn war zuvor während seiner Trauung durch einen herabstürzenden, im Sturz gigantisch anschwellenden Helm erschlagen worden. Daraufhin hatte der Vater gierig und gewaltsam der Braut seines Sohnes nachgestellt, um sie zu zwingen, mit ihm einen Erben zu zeugen. Gerettet wird die Braut durch einen geheimnisvollen jungen Ritter, der sich am Ende als der rechtmäßige Erbe des vor Generationen ermordeten Burgherrn erweist.

Im Englischen heißt dieser Romantypus ‹gothic novel›. Das Adjektiv bezieht sich auf den typischen Schauplatz der Handlung: gotische Gewölbe, deren Spitzbögen in Kirchen und Klöstern von der mittelalterlichen Glaubenswelt zeugen. Die Schauerromane wählen dieses Ambiente aber nicht aus historischem Interesse, sondern als stimmungsgebende Kulisse. Die steinernen Gehäuse werden als düstere, unheimliche Orte geschildert, deren Konnotation von Frömmigkeit und Spiritualität den effektvollen Kontrast zur erzählten Triebhaftigkeit und Gewalt bildet. Im *Castle of Otranto* vollzieht sich die Handlung zwischen der mittelalterlichen Burg und einer Kapelle, die durch einen unterirdischen Gang miteinander verbunden sind. Die Burg steht für die männliche Gewalt, die Kapelle bietet den Flucht- und Schutzraum der verfolgten Braut, der aber am Ende zum Schreckensraum wird, da hier der Tochtermord stattfindet. Als Orte der Macht und Gewalt, der Gottesfurcht, der Hoffnung auf Rettung und der gegenläufigen schicksalhaften Tragik werden die gotischen Gemäuer so zu symbolischen Räumen des menschlich Abgründigen. Im 18. Jahrhundert zielten die Ausdrücke ‹gothic› und deutsch ‹gotisch› nicht wie heute auf eine Epochenordnung oder Stiltypologie. Sie waren vielmehr pejorativ gemeint und brandmarkten das, was dem klassizistischen Ideal von vernünftiger und natürlicher Klarheit widersprach. ‹Gotisch› bedeutete allgemein ‹abstrus›. In der Ästhetik des Schauerromans dienen die gotischen Elemente dementsprechend der Versinnlichung abstruser menschlicher Eigenschaften. In Walpoles Gründungswerk sind dies die familiengeschichtliche Verdrängung eines Mords sowie die Wechselwirkung von greisem Sexualtrieb und dynastischem Wahn.

Der Schauerroman entwickelte sich vor allem in der englischen und deutschen Literatur. Zwei der erfolgreichsten, bis heute gelesenen Werke stammen von der Engländerin Ann Radcliffe: *The Mysteries of Udolpho* (1794) und *The Italien* (1797). Den größten Skandal machte *The Monk* (1796) von Matthew Lewis (1775–1818), der von einem damals viel gelesenen, heute vergessenen deutschen Schauerroman (*Das Petermännchen*, 1791, von Christian Heinrich Spieß) inspiriert wurde und seinerseits zur Vorlage für E. T. A. Hoffmanns großen Beitrag zu dieser Gattung wurde: *Die Elixiere des Teufels* (1815/16). Lewis und Hoffmann treiben den Grundkontrast des gotischen Ambientes, den zwischen Religiosität und Triebhaftigkeit, aufs Äußerste, indem sie einen sexualverbrecherischen Mönch als Hauptfigur wählen. Die Morde, die diese Gottesmänner begehen, erscheinen umso monströser, als beide immer wieder in reuiger Zerknirschung ihrer Ruchlosigkeit innewerden und vor ihren eigenen Taten erschaudern. Zum Skandal wurde *The Monk*, weil er Plot und Ästhetik des Schauerromans ins unerhört Krasse und Grelle steigerte. Die Frau, die dieser Mönch vergewaltigt und in den Tod treibt, und deren Mutter, die er ebenfalls tötet, erweisen sich am Ende als seine eigene Familie. In einer Parallelhandlung wird eine schwanger ins Kloster verbannte junge Frau von der Äbtissin in Kerkerhaft eingemauert und gebiert dort ihr Kind, das sie als Kadaver verzweifelt liebkost, während es von Ungeziefer zernagt wird. Als das herauskommt, nimmt die Stadtbevölkerung Rache, allerdings nicht nur an der Äbtissin. Sie brennt vielmehr das ganze Kloster nieder und richtet ein Massaker unter den Nonnen an. 1796, als *The Monk* erschien, konnte sich die Leserschaft an die wenige Jahre zurückliegenden Angriffe auf Klöster und Schlösser und die Lynchjustiz während der Französischen Revolution erinnert fühlen.

Wie der Schauerroman insgesamt verwenden *The Monk* und *Die Elixiere des Teufels* viele alte Motive und Figuren des Aberglaubens. Lewis lässt leibhaftig den Teufel und eine spukende blutende Nonne auftreten, Hoffmanns Titelmotiv meint den Trank, mit dem der Teufel den heiligen Antonius verführen wollte. Beide Autoren inszenieren diese Elemente so, dass sie sich gegen ihre religionspsychologische Aufklärung zu behaupten scheinen. Die blutende Nonne wird explizit als ein Motiv des Aberglaubens eingeführt, dem die Alten noch anhängen und das ein junges Paar für einen Fluchtplan nutzen will. Zu dessen Entsetzen stellt sich allerdings heraus, dass der Spuk real ist, wodurch der Plan aufs Schlimmste scheitert. Das Teufelselixier wird von seinem klösterlichen Bewahrer als alter Wein entlarvt, der wie Reliquien überhaupt nur durch die verbreitete Lust am Wunderbaren zu etwas Außergewöhnlichem erklärt worden sei. Im Verlauf der Geschichte indes entfaltet dieser Wein eine durchaus außergewöhnliche teuflische Wirkung, indem er den reuigen Mönch wieder zum Verbrecher macht.

Was so nach einer Wiedereinsetzung des Wunderglaubens aussieht, ist jedoch keine Gegenaufklärung oder Wiederverzauberung der Welt. Lewis und Hoffmann und der Schauerroman insgesamt verlangen den Leserinnen und Lesern keinen Teufels- oder anderen Wunderglauben ab. Sie nutzen die Motive des Aberglaubens vielmehr zur ästhetischen und emotionalen Steigerung. Lewis' Teufel, der anfangs als der Auslöser und Agent der mönchischen Verbrecherlaufbahn auftritt, bildet den Höhepunkt des menschlichen Entsetzens, wenn er am Ende selbst darüber erschüttert ist, wie konsequent und brutal der Gottesmann seiner Verführung gefolgt ist. Die spukende blutende Nonne erinnert an das Schicksal einer gegen ihren Willen ins Kloster verbannten jungen Frau, deren Elend durch die realistische Romanfigur und deren eigenes Klosterschicksal noch überboten wird. Das Teufelselixier wirkt aufgrund von Hoffmanns psychologischem Realismus weniger als handlungstreibender Zauber, sondern mehr als ein Symbol für die Rückfälligkeit eines Täters, der durch fortgesetzte Verbrechen haltlos geworden ist. Durch das halb realistisch und halb fantastisch ausgeführte Doppelgängermotiv führt Hoffmanns Roman dabei auf eindrucksvolle Weise den Persönlichkeitszerfall des mordenden Mönchs vor Augen. Medardus (so heißt er) begegnet sich selbst und erschrickt beim Anblick seines fratzenhaft veränderten Gesichts. Ob dieses zweite Ich tatsächlich existiert oder nur eine Einbildung ist, bleibt unentschieden. Realistisch interpretiert, ist es das Schaudern des psychisch Zerrütteten vor seinem eigenen Spiegelbild. So dienen die Motive des Aberglaubens und das Fantastische bei Lewis und Hoffmann dazu, das menschlich Unheilvolle und Abgründige noch intensiver darzustellen. Das ist insgesamt die Strategie der Schauerromantik. Sie verwendet Spuk und Wahn zur affektstarken Unterhaltung und zugleich zur zerrspiegelhaften Vergrößerung menschlicher Leiden, Schwächen und Fehler. Sie begegnet hauptsächlich, aber nicht nur als Roman.

Eine Ballade von Goethe und eine Verserzählung von John Keats (1795–1821) greifen mit derselben Strategie den Vampirglauben auf. Sie halten sich beide an die aus der Antike überlieferte weibliche Variante, die sogenannten Lamien, blutsaugende Ungeheuer, die ihren männlichen Opfern als verführerische Frauen erscheinen. Goethes *Braut von Corinth* erzählt von einer gruseligen Liebesnacht vor der Hochzeit, in der sich die Braut für ihren Bräutigam nach und nach als ein solches Ungeheuer erweist. Die schaurige Verwandlung der jungen Frau trägt eine religionskritische Botschaft: Der fromme Eifer der gerade zum Christentum konvertierten Mutter (die Handlung spielt in der Spätantike) hat nämlich die schon geplante Hochzeit vereitelt, ihre Tochter damit um das Liebesglück gebracht und in den Tod getrieben. In der nächtlichen Erscheinung der untoten Blutsaugerin führt Goethe vor Augen, in welches Grauen die christliche Körper- und Lustfeindlichkeit das natürliche Liebesglück verwandelt. Keats *Lamia* schließt an die spätantike Legende an, dass ein Philosoph seinen Zögling im letzten Moment vor dem Tod bewahrt habe, indem er in dessen Braut während der Hochzeit das äußerlich verborgene Ungeheuer entdeckt habe. So erzählt es auch Keats, doch mit der Pointe, dass durch diese Entdeckung der Bräutigam tot niedersinkt. Die Offenbarung, dass seine Braut etwas anderes ist als die begehrenswerte Schönheit, die er in ihr immer gesehen hat, überlebt er nicht. Wer nicht Vampire, sondern die bei Keats dargestellte Psychologie für das Entscheidende hält, erkennt in dieser Erzählung, wie glücklich die schöne Täuschung zwischen Liebenden sein kann und wie riskant deren Zerstörung.

Wie die Literatur kennt auch die Malerei schauerromantische Strategien. Auch sie verwendet schaurige Aberglaubensmotive zur ästhetischen und emotionalen Intensivierung menschlicher Situationen. Eines der bekanntesten Beispiele ist dafür Johann Heinrich Füsslis (1741–1825) Gemälde *Der Nachtmahr* (Abb. 4). In der Fassung von 1790/91 zeigt es eine schlafende, ohnmächtige oder tote Frau, auf deren Brust ein kobold- und katzenartiges, hämisch grinsendes Wesen hockt. Der Titel weist dieses als Allegorie des Alptraums aus, die der populäre Aberglaube etwa so imaginierte, wie Füssli sie malte. Das gespenstische Pferd im Hintergrund ist durch die volksetymologische Verbindung von ‹Mahr› (= Nachtgeist, vgl. engl. ‹nightmare›) zu ‹Mähre› (= Pferd oder Stute) motiviert. Wie in der Literatur liegt das schauerromantisch Signifikante darin, wie diese nicht realistischen Motive zur Intensivierung des realistisch Menschlichen beitragen. Sie geben der zwischen Schlaf, Ohnmacht und Tod unentschiedenen Haltung der liegenden Frau eine unheilvoll bedrohliche Dimension. In den überstreckten, wie tot hängenden Armen, in Hals und Kopf der Frau werden die wunderbaren Schreckensfiguren zur realistischen psychischen Pein.

Aus dem Schauerroman ging schließlich eine weitere Erfolgsgattung der modernen Literatur hervor: der Science-Fiction-Roman. Sein Gründungswerk ist Mary Shelleys (1797–1851) *Frankenstein*, der 1816, im sogenannten Jahr ohne Sommer, entstand. Ein Vulkanausbruch in Indonesien hatte so viel Asche in

4 Johann Heinrich Füssli, *Der Nachtmahr*, 1790/91, Frankfurt a. M., Städel Museum

die Atmosphäre gebracht, dass auch Europa davon verdunkelt wurde. Die damals noch unverheiratete Mary Wollstonecraft, ihr zukünftiger Mann Percy Bysshe Shelley, Lord Byron und dessen Leibarzt John William Polidori zogen sich an den Genfer See zurück und belebten die durch das anhaltend schlechte Wetter erzwungene Häuslichkeit durch einen Wetteifer in Gruselgeschichten. Die Schauerromantik, sieht man, hatte Konjunktur. Polidori (1795–1821) lieferte bei dieser Gelegenheit die Erzählung *The Vampyre*, die den Blutsauger zum ersten Mal in der Gestalt des geheimnisvollen, verführerisch eleganten Gentlemans vorstellt, in der er dann durch Bram Stokers *Dracula*-Roman klassisch wurde. *The Vampyre* hatte auch deshalb großen Erfolg beim Publikum, weil er fälschlich unter dem berühmten Autornamen Lord Byron gedruckt wurde. Goethe hielt ihn für Byrons bestes Buch.

Mary Shelleys innovative Idee bestand darin, dass sie die Aberglaubens- und Wundermotive der Schauerromane durch spekulativ erweiterte Wissenschaftsmotive ersetzte. Dass man durch Blitzschlag einen aus Leichenteilen zusammengenähten Körper zum Leben erwecken könne, war zu ihrer Zeit eine naheliegende Erwartung. Galvanismus-Experimente, die abgetrennte Froschschenkel zucken ließen, hatten die neu entdeckte Elektrizität als eine Art allgemeine Lebenskraft erscheinen lassen. Benjamin Franklin hatte Blitze als elektrische Entladungen erklärt und damit Hoffnungen auf ihre nutzbringende Ableitung geweckt. Das Monster, das der Chemiker Victor Frankenstein im Roman erschafft, ist nichts als die spekulative Verwirklichung dessen, was die zeitgenössische Wissenschaft aufgrund ihrer aktuellen Erkenntnisse als möglich erahnen ließ. Genau das ist das Prinzip der Science-Fiction. Mary Shelley bringt es mit einer moralischen Botschaft in die Welt. Frankensteins Tat stellt sie als Frevel dar, der sich Gottes Macht anmaßt, Leben zu erschaffen. Die Strafe ist grausam: Das Monster verzweifelt an seiner eigenen Hässlichkeit, rächt sich an seinem Schöpfer, indem es dessen Familie ausrottet, und verschwindet am Ende im ewigen Eis. Der schauerromantische Ursprung der Science-Fiction hat sich bis heute bewahrt, insofern die spekulativ imaginierten Leistungen der Wissenschaft häufiger als Schreckens- und seltener als Glücksvisionen erzählt werden.

3. Vielfalt und Einheit in Europa

a) Debatten und Strömungen quer zu den Landesgrenzen

Die Literatur ist – wie die anderen Künste und auch die Wissenschaften – ein internationales Phänomen. Die europäischen Sprachen sind einander zu ähnlich und der literarische Austausch zwischen ihnen ist zu intensiv, als dass die nationalsprachlichen Grenzen hier eine durchschlagende Wirkung hätten. Viel entscheidender sind etwa Gattungs- und Milieugrenzen. In welcher Sprache ein Werk entsteht, ist für seine Gestalt weniger wichtig als der internationale Gattungszusammenhang, in den es gehört, oder auch die internationalen Gewohnheiten eines Milieus (Aristokratie, Bürgertum, Gelehrte), denen es folgt. Die Modernisierung der Literatur, die nach der Französischen Revolution und mit der Leserevolution einsetzte, war dementsprechend kein nationales, sondern ein europäisches Phänomen. Das Absterben der akademischen Regelpoetik und ihres Denkens in Gattungsnormen, die Dynamik populärer Formen wie vor allem des Prosaromans und das Heranwachsen der Literatur zu einer autonomen Kraft, die individuelle wie gesellschaftliche Orientierung gibt, waren der epochemachende Prozess in Europa, den wir heute Romantik nennen.

Von diesem heutigen Epochenwort ist der Romantikbegriff der damaligen Akteure zu unterscheiden oder richtiger: die Romantikbegriffe. Sie bezeichnen keine zurückliegende Epoche, sondern damals aktuelle literaturpolitische Positionen und ästhetische Werte. Und auch wenn sie alle zusammen einen großen Modernisierungsprozess erfassen, haben sie je eigene Akzente und Ausrichtungen. Die historischen Romantikbegriffe sind Programm- und Streitwörter, die ja nach Milieu, Anlass, Debatte und Situation variieren. Was der heutige wissenschaftliche Romantikbegriff dagegen markiert, sind die damaligen epochalen

Neuerungen in der Literatur. Das kann in manchen Fällen dazu führen, dass wir heute mit gutem Grund als ‹romantisch› bezeichnen, was sich selbst nicht so nannte oder sich sogar gegen die Romantik aussprach.

Die englischen Lyriker Wordsworth und Coleridge, auch Blake und Keats trugen mit ihrer Abkehr von den klassizistischen Stilnormen, ihrer Ästhetisierung und Subjektivierung der Religion, dem Versuch einer Neuen Mythologie und der Psychologisierung alter Figuren des Aberglaubens zu den wesentlichen romantischen Neuerungen bei, ohne jedoch selbst den Begriff in programmatischer Weise zu verwenden. In der englischen und schottischen Literatur gab es keine nennenswerte Romantikdebatte, weil auch der Widerpart, der akademische Klassizismus, kaum ausgeprägt war. Die britischen Autorinnen und Autoren sind Romantiker, die sich nicht so nennen. Ein noch pointierterer Fall ist der Italiener Giacomo Leopardi, dessen bekanntestes Gedicht die signifikante Kippfigur zeigt (vgl. Kap. 1 b). Zugleich aber stellte er sich mit einer Abhandlung auf die Seite der Klassizisten (*Discorso di un italiano intorno alla poesia romantica*). Sein Gedicht *L'infinito* erscheint dadurch jedoch nicht weniger als eines der eindrucksvollsten Beispiele romantisierter Transzendenz.

Die intensivsten Romantikdebatten wurden in Frankreich und Italien geführt, weil dort die Gegenseite am stärksten institutionell gefestigt war. Beide Länder zelebrierten einen akademisch-offiziellen klassizistischen Kulturstolz, in dem sie sich als die legitimen Erben der römischen Antike über alle anderen europäischen Nachbarn erhoben sahen. In Italien berief man sich dazu auf die territoriale und ethnische Kontinuität, in Frankreich auf die Hofkultur Ludwigs XIV., die über das 18. Jahrhundert für die ganze europäische Aristokratie zum Leitbild geworden war. In Italien verkörperten Dichter wie Vincenzo Monti und Vittorio Alfieri den klassizistischen Führungsanspruch, in Frankreich die Académie française. Mit vielen Programm- und Streitschriften traten die italienischen und französischen Romantiker dagegen an und verurteilten den offiziellen Traditionsstolz als verknöcherten Dünkel.

‹Romantico› und ‹romantique› bedeuteten in diesem Zusammenhang so viel wie ‹zeitgemäß› und ‹populär›. Der französische Romancier Stendhal (eigentlich Henri Beyle, 1783–1842) brachte es auf die Formel: Die Romantik sei die Kunst, die den Zeitgenossen das größte Vergnügen bereite, der Klassizismus dagegen diejenige, die deren Urgroßvätern gefalle (vgl. Stendhal 71). Ludovico di Breme (1780–1820) und Giovanni Berchet (1783–1851), die wirksamsten literarischen Programmatiker der Romantik in Italien, sahen es genauso. Statt der antiken Mythologie traten sie für die Verwendung volkstümlicher, auch christlicher Stoffe ein. Zur Überwindung des steril gewordenen, elitär abgehobenen Klassizismus empfahlen sie – inspiriert durch Madame de Staël (vgl. Kap. 1 a) – die Orientierung an der zeitgenössischen deutschen Literatur, was für den antikisierenden Nationalstolz in Italien geradezu frevlerisch wirken musste. Aus dessen Warte wie aus der Sicht der Académie française galt Deutschland als literarisch ungebildet, nicht im Entferntesten konkurrenzfähig, geschweige denn vorbildlich. Dass italienische Schriftsteller von dem der lateinisch-romanischen Kulturkontinuität so fernen nördlichen Land lernen sollten, war für die Traditionalisten undenkbar. Doch genauso geschah es. Ugo Foscolo (1778–1827) nahm Goethes *Werther* zum Vorbild für den ersten italienischen Prosaroman (*Ultime lettere di Jacopo Ortis*, *Letzte Briefe von Jacopo Ortis*), Alessandro Manzoni (1785–1873) berief sich auf August Wilhelm Schlegels Vorlesungen zur Dramengeschichte, um die nicht-klassizistische Form seines Trauerspiels *Il conte di Carmagnola* zu rechtfertigen.

Vorworte zu Dramen waren nicht nur in Manzonis Fall ein wichtiger Ort für Romantikmanifeste. Das lag an der herausgehobenen Stellung der Tragödie in der klassizistischen Regelpoetik. An dieser Prestigegattung war der Bruch mit den akademischen Normen am deutlichsten zu vollziehen. Stendhal spitzt seinen antiklassizistischen Essay *Racine et Shakespeare* auf die Repräsentanten des regelpoetischen und des genialisch-freien Theaters zu. Victor Hugos Vorworte zu seinen Dramen *Cromwell* und *Hernani* feiern auch mit Berufung auf Goethes *Faust* die romantische als die unendlich freiere und reichere Ästhetik und waren überhaupt die wirksamsten Romantikmanifeste in Frankreich.

In Deutschland gab es keinen mit Frankreich und Italien vergleichbar offiziellen Klassizismus, so dass es zu keiner entsprechend polarisierten Debatte kam. Goethes kommentierender Bericht über *Klassiker und Romantiker in Italien, sich heftig bekämpfend* (1820) markiert schon im Titel die Distanz, aus der man in Deutschland diese Lagerbildung sah. Der Streit, den die Jenaer Frühromantiker mit ihrem Losungswort entfacht hatten, ging nicht um den Gegensatz zwischen einem akademisch-klassizistischen Kanon und neuen, populären Formen und Stoffen. Er verlief vielmehr zwischen der Common-Sense-Philosophie und den kantianisch inspirierten provokanten Aphoristikern (vgl. Kap. 2e). Der erste Auftritt des Epochenworts war damit alles andere als populär und forderte, anders als die französischen und italienischen Romantiker, auch keine Popularität in der Literatur. Er war die publizistische Strategie einer esoterischen Akademiker-Clique. Sie trug aber auf ihre Weise zum Ende der regelpoetischen Literaturtheorie und -kritik bei, gegen die auch die auf Popularität zielenden Programmatiker der Romantik kämpften.

Schaut man nicht auf die Debatten, sondern auf die Literatur selbst, zeigt sich, dass auch der Gegensatz von Klassizismus und Romantik (im heutigen Wortsinne) sich vereinen kann. Es gab Autoren – wie Friedrich Hölderlin und Ugo Foscolo, die nichts voneinander wussten –, die mit klassizistischen, also antiken Formen und Motiven zeitgenössische romantische Erneuerungen ausdrückten. Hölderlins Hymnen schreiben die antiken Götter zu einer romantischen Neuen Mythologie (vgl. Kap. 1 d) um, und seine Gedichte verwenden antike Odenstrophen und Jenseitsmotive (z.B. *An die Parzen*), um – ganz im Sinne der romantischen Ästhetisierung der Religion – das künstlerisch gelungene Gedicht selbst zur Transzendenzerfahrung zu stilisieren. Foscolos Gedicht *Dei sepolcri* (*Von den Gräbern*) fasst das Gedenken an die gestorbenen ‹großen› Italiener in Motive des antiken Totenkults und lässt dabei die Hoffnung auf ihre Unsterblichkeit kippfigurhaft unentschieden zwischen lebendiger emotionaler Verbundenheit und definitiver Grabesstille. Die Verwendung antiker Formen und Motive allein macht also noch keinen antiromantischen Klassizisten. Es kommt auf die Verwendungsweise an, denn auch antike Versformen und Mythen lassen sich romantisieren. In diesem Sinne ist auch Leopardi ein romantisierender Klassizist. In seinem Gedicht *Alla Primavera, o delle favole antiche* (*An den Frühling, oder über die antiken Mythen*) evoziert er mit der antiken Mythologie einerseits eine wiederzugewinnende glückselige Naturverbundenheit, um sie andererseits als fragwürdige, wenn nicht vergebliche Hoffnung auszuweisen. Er präsentiert damit die Idee der Neuen Mythologie als Kippfigur aus Behauptung und Widerruf.

Die europäische Literatur, so sieht man, folgte quer zu den National- und Sprachgrenzen sehr ähnlichen und gleichen Tendenzen. Hölderlin und Foscolo kamen neben ihrem romantisierten Klassizismus auch darin überein, dass sie beide den Briefroman politisierten. Hölderlins *Hyperion* projiziert die durch die Französische Revolution geweckten Hoffnungen und auch die Kritik an ihrer terroristischen Gewalt auf den Freiheitskampf der Griechen gegen die Türken. Foscolos *Ultime lettere di Jacopo Ortis* zeigen die politische und persönliche Verzweiflung eines jungen Venezianers, der hohe Erwartungen an die französische republikanische Freiheitsverheißung richtet, aber durch Napoleons Machtpolitik bitter enttäuscht und in den Suizid getrieben wird.

Die romantische Literatur entsteht und entwickelt sich nicht nach nationalen Logiken, sie ist kein Nebeneinander je für sich abgegrenzter Nationalromantiken. Schon der Kanon, mit dem die Brüder Schlegel ihr Programm der romantischen Poesie bildeten, ist europäisch, und die Dynamik, die sie als Erste mit diesem Wort bezeichneten, war und blieb ein europäisches Phänomen. Ohne diesen größeren Resonanzraum wäre die romantische Literatur nicht so wirksam geworden, wie sie es tatsächlich war. E. T. A. Hoffmann ist nicht durch sein deutsches, sondern vor allem durch sein französisches und englisches Publikum, worunter viele Autoren waren, zum weltweit einflussreichsten deutschen Schriftsteller seiner Zeit geworden.

Dass die National- und Sprachgrenzen eine entscheidende Rolle in der europäischen Literatur spielen, ist allerdings eine romantische Idee. Es ist ein eigenes Einheitsideal, dass die Sprache und Literatur eines Volks einen in sich geschlossenen, nach außen klar abgegrenzten, national spezifischen Zusammenhang darstellten. In Deutschland und Italien hatte dieses Ideal Hochkonjunktur, als das Ende der Napoleonischen Herrschaft die Hoffnung auf eine nationale Einigung nährte. Solange die staatliche Einheit fehlte, diente die Idee der ‹Nationalliteratur› als Kompensation, um sich einer kollektiven Identität zu versichern. Die antinapoleonischen Befreiungskriege und das Verlangen nach staatlicher Einheit in Deutschland sowie das ‹Risorgimento›, die nationale Einigungsbewegung in Italien, bildeten den Rahmen, in dem diese kompensatorische Idee politisch machtvoll wurde. Die charakterliche Einheit einer Nationalliteratur ist eine ebenso irrationale, empirisch nicht belegbare Vorstellung wie die Idee von Nationalcharakteren überhaupt. Im Deutschland und Italien des 19. Jahrhunderts wurde sie indes zu einer real wirksamen ideologischen Kraft. Georg Gottfried Gervinus (*Geschichte der poetischen Nationalliteratur der Deutschen*, 1835–1842) und Francesco de Sanctis (*Storia della letteratura italiana*, 1870/71) lieferten die Literaturgeschichten, die den literarischen Nationalcharakter monumental konstruierten. Auch die Gründung der Germanistik folgte diesem kulturpolitischen Ziel (vgl. Kap. 5 d).

Die Literatur als eine nationale Größe zu sehen ist ein Erbe der Romantik, das in vielen Zusammenhängen bis heute fortlebt. Die politische und ideologische Mobilisierungsenergie hat sich dabei weitgehend erledigt. Doch das Konzept Nationalliteratur ist durch die Einbettung in die einzelsprachlichen Fächer an den Schulen und Universitäten zu einer pragmatischen Gewohnheit geworden, deren Sachwidrigkeit man entweder nicht bedenkt oder komparatistisch kompensiert. Es ist eine romantische Imagination, von der man vergessen hat, dass es eine ist.

b) Zeitliche Entwicklungen

Die Epoche der Romantik fällt in eine politisch unruhige, wechselvolle Zeit. Es waren die Jahrzehnte, die auf die Französische Revolution folgten. Die Revolutionskriege, Napoleons Eroberungen, dann seine Niederlagen und die Restauration führten besonders in den deutschsprachigen Gebieten und in Oberitalien zu mehrfachen Regimewechseln. Napoleons Sieg 1806 in Jena und Auerstedt setzte der langen Geschichte des Heiligen Römischen Reichs Deutscher Nation ein Ende. Das geschlagene Preußen sah sich zu inneren Reformen gezwungen, die einen Teil der bürgerlichen Freiheiten und Rechtssicherheiten brachten, die in den französisch beherrschten Gebieten mit dem Code Napoléon Einzug gehalten hatten. In England, das von den kontinentalen Kriegen verschont blieb, schritt die industrielle Revolution voran und provozierte die ersten Arbeiteraufstände. Insgesamt begann in diesen Jahrzehnten der Umbruch von der (frühneuzeitlich) feudalen zur (modernen) bürgerlichen Gesellschaft.

Was Regierung und Staatsform betrifft, warf die im Wiener Kongress 1814/15 vollzogene Restauration diesen Prozess zurück. Der Drang zur bürgerlichen Emanzipation wurde dadurch jedoch nicht beendet. Deren wichtigstes Forum, die durch Zeitschriften und den Buchmarkt geschaffene kritische Öffentlichkeit, konnte durch Zensurbestimmungen zwar eingeschränkt, seine fortschreitende Dynamik aber nicht gebrochen werden. Ihr stärkstes Maß erreichte die Zensur durch die Karlsbader Beschlüsse, die 1819 nach dem politisch motivierten Mord an dem Schriftsteller August von Kotzebue erlassen wurden. Der Täter war ein Mitglied der Burschenschaften. Kotzebue hatte sie als gefährliche Revolutionäre verurteilt, was ihn in ihren Augen zum ‹Vaterlandsverräter› machte. In seiner Erzählung *Meister Floh* (1822) hat E. T. A. Hoffmann die Konsequenzen der Karlsbader Beschlüsse satirisch in der Figur des Geheimen Hofrats Knarrpanti angeklagt, der einen unschuldigen Mann durch denunziatorische Verdrehungen seiner schriftlichen Äußerungen ins Gefängnis zu bringen versucht. Da in dieser fiktiven Figur ein realer zeitgenössischer Jurist und prominenter Vertreter der restaurativen Obrigkeit wiederzuerkennen war, brachte *Meister Floh* seinen Autor vor Gericht und konnte nur in einer stark zensierten Fassung erscheinen.

Das mentalitätsgeschichtlich tiefgreifendste Ereignis war die kulturelle Nationalisierung. Sie betraf vor allem die von Napoleon besetzten Gebiete. Die dort nach dessen Vertreibung erhoffte nationale staatliche Einigung wurde in einem breiten Spektrum sowohl republikanisch als auch monarchistisch gedacht. In dem Verlangen nach nationaler Einheit, das auch nach der Restauration politisch unerfüllt blieb, triumphierte, wie schon erwähnt, die kulturelle Kompensationsidee, dass Sprache und Literatur die nationale Einheit darstellten und garantierten, auch wenn die staatliche Einheit fehle. Diese Idee hatte einerseits ein integratives Moment, weil sie über die Stände- und Klassengrenzen hinweg die Nation als Sprach- und Lesegemeinschaft dachte. Die Ausweitung der Lesekultur und der milieuübergreifende Erfolg populärer Prosaformen boten die Voraussetzung dafür. Die Gattungshierarchien der Regelpoetik hatten einem ständisch, nicht national gegliederten Leseinteresse entsprochen und hatten auch keine Nationalspezifik der Literatur gekannt. Insofern zeugt das Konzept der Nationalliteratur von der Erosion der Ständeordnung. Andererseits zog es neue Grenzen, wo vorher keine waren. Die Beschäftigung mit Literatur wurde zur nationalen Selbstversicherung.

Neben Deutschland und Italien wurden insbesondere die skandinavischen und die osteuropäischen Länder von dieser Nationalisierungswelle erfasst. Im zweiten und dritten Jahrzehnt des 19. Jahrhunderts wurde die Romantik so zu dem großen Phänomen einer Nationalisierung, die international parallel verlief. Einzelne Autoren und Werke, vor allem Lord Byron und Goethes *Faust* (nur der bis dahin fertiggestellte und publizierte erste Teil), wirkten dabei über ihre Sprachgrenzen hinaus als Inspiration und Leitfiguren einer neu zu schaffenden zeitgemäßen, populären, nationalen Literatur. An Byrons Versepen orientierten sich z. B. Aleksandr Puškin und Adam Mickiewicz, die für ihre Versromane *Evgenij Onegin* (1823–1830) und *Pan*

Tadeusz (1834) zum russischen bzw. polnischen Nationaldichter erkoren wurden. Der als dänischer Nationaldichter angesehene Adam Oehlenschläger verehrte Goethe und suchte ihn mehrfach in Weimar auf.

In Deutschland verkörpert Friedrich Schlegel die nationale Wendung so deutlich wie kein anderer. 1808 schwört er die Literatur auf den «ernsten Gedanken an Gott und Vaterland» und den «deutschen Charakter» ein (KFSA 3, 156f.). 1812 eröffnet er die von ihm herausgegebene Zeitschrift *Deutsches Museum* mit der Forderung: «Jede Literatur muß und soll *national* sein; dies ist ihre Bestimmung und kann ihr allein erst ihren wahren und vollen Wert verleihen.» (KFSA 3, 220) In seinen 1803/04 privat gehaltenen Vorlesungen zur Literaturgeschichte behandelte er die europäische Literatur noch als «ein zusammenhängendes Ganzes, wo alle Zweige innigst verwebt sind, eines auf das andere sich gründet, durch dieses erklärt und ergänzt wird» (KFSA 11, 5). In seiner 1812 vor großem Publikum in Wien gehaltenen Vorlesung versteht er die Literatur dagegen als «Selbstbewußtsein einer Nation» (KFSA 6, 15). 1808 konvertierte er zudem zusammen mit seiner Frau Dorothea zum Katholizismus (er war als Protestant, sie als Jüdin geboren), während er in den Jenaer Jahren für die individuelle Befreiung der Religion von allen Konfessionen eingetreten war. So steht Schlegel exemplarisch für den Mentalitätswechsel in Deutschland während der Napoleon-Zeit: von der freigeistig internationalen zu einer religiös nationalen (und insbesondere antifranzösischen) Ausrichtung.

Johann Gottlieb Fichte (1762–1814), dessen philosophische Herleitung der Welt aus dem sich selbst setzenden Ich die Jenaer Frühromantiker begeistert hatte, hielt und publizierte 1807/08 überheblich nationalistische *Reden an die deutsche Nation*. Auch die Wiederentdeckung volkstümlicher Lieder und Balladen, die 1765 mit Thomas Percy in England begonnen hatte und durch Johann Gottfried Herder (1744–1803) in Deutschland fortgesetzt wurde, nahm mit Clemens Brentanos und Achim von Arnims Volksliedsammlung *Des Knaben Wunderhorn* (1806) eine nationalistische Wendung. «Fort mit dem

Fremden im Einheimischen!», heißt es in Arnims (1781–1831) Abhandlung *Von Volksliedern*, die den ersten *Wunderhorn*-Band abschließt (Wunderhorn 410). Die Brüder Grimm, deren Sammelleidenschaft für Märchen und Sagen durch Brentanos und Arnims Vorbild geweckt wurde, schwärmten bei all ihrer Wissenschaftlichkeit von einem in Sprache und Literatur liegenden reinen, ewigen deutschen Volkscharakter, den sie als germanische Gediegenheit polemisch von romanischer Künstelei abgrenzten (vgl. Kap. 5 b, e).

In Frankreich zeigte sich eine gegenläufige Tendenz. Die einflussreichsten frühen Romantiker – Madame de Staël und Chateaubriand – waren, auch wenn sie die starke Reformbedürftigkeit des Ancien Régime sahen, keine Anhänger der Revolution. Im Juli 1830 jedoch wurde der nach dem Wiener Kongress wieder eingesetzte Bourbonenkönig Karl X. aufgrund seiner immer reaktionäreren Politik vertrieben und durch den liberalen Bürgerkönig Louis Philippe ersetzt, und *Le Globe*, die damals führende Zeitschrift der literarischen Romantik in Frankreich, stand auf der Seite der Revolution. Sie zeigte sich sogar noch radikaler als das gegen Karl X. siegende Bürgertum. In Victor Hugo ist dieser Wandel individuell verkörpert. In seiner Jugend hing er der Monarchie an, um sich dann ganz auf die Seite der Julirevolution zu schlagen, deren Konsequenzen er sich wie *Le Globe* weitaus demokratischer wünschte, als sie waren. Ins Revolutionsjahr 1830 fiel auch sein literarischer Triumph auf dem Theater: Sein Schauspiel *Hernani* – eine Romanze um die Schicksalsmacht der Liebe im Spannungsfeld von Eifersucht, ritterlicher Großmut, Verrat und verhängnisvollen Schwüren – setzte sich in der Gunst des Pariser Publikums eindeutig gegen die klassizistischen Kritiker durch.

Wenige Jahre später stellte Heinrich Heine in seiner *Romantischen Schule* die französische der deutschen Romantik gegenüber – beide hätten nichts miteinander zu tun. Für Heine, den politischen Exilanten in Paris, dessen deutsche Publikationen stark unter der Zensur litten, bildeten die beiden Romantiken den Gegensatz zwischen revolutionärer Freiheit und obrigkeitsstaatlicher Restauration ab. Im Blick auf die aktuellen politischen Verhältnisse lag er damit richtig, auch wenn er die französischen Verhältnisse idealisierte. Das Gesamtbild der französischen und deutschen Romantik ist damit allerdings nicht getroffen.

Von der Französischen Revolution und deren Ausbreitung durch die Revolutionskriege, von Napoleons Staatsstreich, seinen Eroberungen und seiner Niederlage über die Restauration bis hin zum Nationalismus mit seinem breiten Spektrum liberaldemokratischer, monarchistischer und chauvinistischer Spielarten: In diesen politischen Umbrüchen und den daraus resultierenden Spannungen entwickelte sich die romantische Literatur. Sie ist insgesamt keinem bestimmten Lager zuzuordnen, sondern zeigt in sich die gleiche politische Vielfalt und Gegensätzlichkeit wie ihre Zeit.

Anders als der Anfang der Romantik, der mit der Französischen Revolution und ihrer auch intellektuell mobilisierenden Wirkung gut zu datieren ist, hat das Ende der Epoche keine vergleichbar klare Markierung. Was die neuen Phänomene betrifft, die mit ihr in die Welt kamen – die Transzendenz als Kippfigur, die Neue Mythologie, die romantische Ironie, das Fantastische, der Prosaroman als Leitgattung, die individualisierte Literaturkritik, die Nationalisierung der Literatur –, fand die Romantik überhaupt kein Ende. Denn diese Phänomene verschwanden nicht, sondern gehören bis heute zur zunehmend komplexen Situation der modernen Literatur (vgl. Kap. 6). Was jedoch endete, war die Produktivität des Ausdrucks ‹romantisch›. Das aus Jena durch Madame de Staël über Europa verbreitete Losungswort verlor seine zukunftsweisende Programmatik und wurde nach und nach zu einer Angelegenheit des Rückblicks. In Deutschland markiert Heines *Romantische Schule* von 1836 diese Schwelle, indem sie als Bilanz einer vergangenen Bewegung auftritt und ein neues, ‹junges› Deutschland anbrechen sieht. Heines Dichtungen blieben der romantischen Literaturästhetik allerdings verbunden, wenngleich mit einer für ihn charakteristischen melancholischen Selbstironie. Und während Hugo auf dem Pariser Theater triumphierte und mit dem Vorwort zu *Hernani* 1830 ein starkes Manifest der Romantik veröffentlichte, trat im französischen Literatur- und Kunstdiskurs zugleich das neue Losungswort ‹réalisme› auf, das für die weitere Entwicklung der europäischen Literatur und Malerei im 19. Jahrhundert maßgebend wurde.

c) Deutsche Klassik als Teil der europäischen Romantik

Neben E. T. A. Hoffmann waren zur Zeit der Romantik Schiller und Goethe die international angesehensten, meistübersetzten deutschsprachigen Autoren. Sie galten außerhalb Deutschlands ohne Frage als Romantiker. Das hat gute Gründe, denn die Werke von beiden trugen maßgeblich zu den epochalen Innovationen der Romantik bei. Der erste Teil von Goethes *Faust* ist mit seiner antiklassizistischen Form, seiner Integration von Volksliedern und volkstümlichen Genreszenen, seiner psychologischen Modernisierung alter Motive und Figuren des Aberglaubens (Mephisto als Zyniker, Hexenküche und Walpurgisnacht als sexualanthropologische Karikaturen) eines der international wirksamsten Hauptwerke der europäischen Romantik überhaupt. Lord Byron, Walter Scott, Alessandro Manzoni, Madame de Staël und die Autoren der Zeitschrift *Le Globe* verehrten Goethe ganz im Sinne ihrer eigenen romantischen Programmatik als den aktuell führenden Dichter. Goethe seinerseits schätzte Byron und Manzoni und war ein aufmerksamer Leser des *Globe*, dessen Einsatz für seine eigenen Werke er mit Genugtuung verfolgte und kommentierte.

Von Schillers Werken war damals vor allem *Die Jungfrau von Orleans* beliebt, deren Untertitel in der Erstausgabe 1802, *Eine romantische Tragödie*, die Epochenzugehörigkeit explizit markiert. Diese zeigt sich hier nicht nur im mittelalterlichen Stoff und dem Motiv des christlich Wunderbaren, sondern auch in dem charakteristischen Verfahren, Transzendenz als Kippfigur darzustellen. Ob es die himmlischen Erscheinungen, die Johanna in den Krieg treiben, tatsächlich gibt oder ob sie bloße Einbildung sind, lässt das Stück unentschieden. An einer Stelle, an der Johanna mit übermenschlicher Kraft ihre Ketten zerreißt, neigt es sich zwar eindeutig ins Wunderbare. Diese kurze

Episode ist aber mehr ein dramaturgischer Effekt als ein Glaubenszeugnis. Die Strategie des Stücks, die göttliche Berufung immer nur als subjektive Überzeugung darzustellen, zerbricht dadurch nicht. Sie wird vielmehr am Ende noch einmal bekräftigt. Johanna hat die letzten Worte und beschreibt mit ihnen ihre Marienvision und die Erfahrung der eigenen Himmelfahrt. Die darauffolgende Szenenanweisung lässt sie tot auf der Bühne niedersinken, wo sie von Fahnen bedeckt wird. Dieser pointierte Kontrast zwischen dem, was Johanna selbst sieht (oder zu sehen glaubt) und was alle anderen sehen, beendet das Stück.

Neben seiner tragischen *Jungfrau* sind es seine theoretischen Schriften, mit denen Schiller zur Entwicklung der Romantik beiträgt. Seine Briefe *Über die ästhetische Erziehung des Menschen* (1795) formulieren als Erste die hohe Erwartung, dass die Wirkung der Schönheit, auch der schönen Kunst und Literatur, das Scheitern der Französischen Revolution kompensieren und eine freie Gesellschaft herbeiführen könne. Schiller leitet dies aus seiner Diagnose ab, dass die Menschen durch die Arbeitsteilung, die vorangeschrittene Rationalisierung und auch durch den Untertanengeist der politischen Unfreiheit in ihrer Menschlichkeit eingeschränkt, beschädigt seien. Nur im Genuss der Schönheit hätten sie die Chance, sich uneingeschränkt als Menschen in ihrer sinnlich-intellektuellen Doppelnatur zu erleben. Das sei die erste und grundlegende individuelle Erfahrung der Freiheit, aus der allein die politische Freiheit hervorgehen könne. Mit dieser Idee schafft Schiller die Basis, auf der die deutschen Frühromantiker die progressive gesellschaftliche Wirksamkeit von Kunst und Literatur denken. Das sogenannte *Älteste Systemprogramm des deutschen Idealismus*, in dem Hegel, Hölderlin und Schelling der Literatur und Kunst eine aktuelle politische Mission zuweisen (vgl. Kap. 1 d), beruft sich auf Schillers *Ästhetische Erziehung* und deren freiheitsverheißendes Schönheitsverständnis. Hölderlin wollte seine eigenen Abhandlungen zur Kunsttheorie und Poetologie unter den Titel «Neue Briefe über die ästhetische Erziehung» stellen, auch wenn es zu ihrer Ausführung nicht kam.

Schillers zweite große Abhandlung, *Über naive und senti-*

mentalische Dichtung (1795/96), erfasst mit den beiden Begriffen im Titel genau den Gegensatz, den Friedrich Schlegel zur selben Zeit in seiner ersten längeren Publikation, *Über das Studium der griechischen Poesie*, mit den Begriffspaaren ‹antik› – ‹modern› und ‹objektiv› – ‹interessant› bezeichnet. Da Schillers noch vor Schlegels Beitrag erschien, konnte sich Schlegel von den Ausführungen zum Sentimentalischen inspirieren lassen, die in seine Analyse des Modernen einflossen. Im Vorwort zu seinem Text erkennt er dies ausdrücklich an. Und so wie Schiller das Ideal in der Vereinigung des Naiven und des Sentimentalischen sieht, das er ansatzweise bei Goethe verwirklicht glaubt, entwirft Schlegel die progressive romantische Poesie als Symbiose der antiken und der modernen – und auch ihm gilt Goethe dafür als richtungsweisendes Beispiel. In den Vorlesungen seines Bruders August Wilhelm dominiert dagegen ein historischer Romantikbegriff, der weitgehend dem Sentimentalischen bei Schiller entspricht. Friedrich Schlegel rezensierte zwar Schillers Zeitschriften, den *Musenalmanach* und *Die Horen*, sehr kritisch und schwieg im Gegensatz zu seiner Goethe-Verehrung Schiller im *Athenaeum* tot. Auch ist aus dem Jenaer Kreis ein herrlicher Spott über Schillers *Lied von der Glocke* überliefert: Man sei «fast von den Stühlen gefallen vor Lachen», schrieb Caroline Schlegel an ihre Tochter (Schlegel-Schelling 284). Das ändert jedoch nichts daran, dass Schillers theoretische Abhandlungen eine wesentliche Grundlage für die frühromantische Programmatik sind und sich beide in ihrer dynamisch in die Zukunft gedachten polaren Typologie entsprechen.

Auch Goethes *Faust*-Drama bietet Transzendenz als Kippfigur, und zwar in dem himmlischen Rahmen, der das irdische Geschehen einfasst. Dieser beschließt den zweiten Teil des Stückes mit der Himmelfahrt Fausts, die auf den possenhaften Seelenraub folgt, in dem die Engel dem schon siegesgewissen Mephisto seine sicher geglaubte Beute durch homoerotische Verführung wegstibitzen. Das komisch Parodistische setzt sich in der Himmelfahrtsszene fort. Sie verbindet die andächtige marienfromme Erlösungshoffnung mit deren Persiflage. Goethe greift dazu die christliche Mystik auf – wo die Geschlechterliebe bereits als Metapher für die Liebe der Seele zu Gott verwendet wurde –, treibt deren sinnliche Motive aber so auf die Spitze, dass sie allen spirituellen Ernst untergraben. Die Schlussformulierung vom «Ewig-Weiblichen», das «hinan ziehe», balanciert genau auf der Schwelle zwischen der geschlechtlichen und der spiritualisierten Liebe, ist körperlich und mystisch zugleich. So bedient und verlacht der metaphysische Rahmen des *Faust* die Vorstellung, menschliches Schicksal ereigne sich in einem religiösen Deutungs- und Erlösungshorizont. Anders gesagt: In der Frage nach der Religion erweist sich Goethe im hohen Alter als romantischer Ironiker.

Zugleich ist *Faust II* in seiner Kombination der unterschiedlichsten Theater- und Versformen, seiner Themenvielfalt und der Verbindung des Possenhaften mit philosophischem und politischem Ernst einer der eindrucksvollsten Belege für das, was Friedrich Schlegel in seiner Jugend «progressive Universalpoesie» genannt hat. Dieses hybride Theaterstück war zu seiner Zeit so progressiv, dass es zunächst auf Unverständnis stieß. Seine Heterogenität wurde erst in der zweiten Hälfte des 20. Jahrhunderts als solche gewürdigt und nicht mehr einheitssuchend weginterpretiert. Anders als Friedrich Schlegel selbst blieb Goethe als alter Mann literarisch ein Frühromantiker.

Die Hinwendung zum Katholischen und zum Nationalen, auch die Gegnerschaft zu Napoleon machten die deutschen Romantiker für Goethe suspekt. Er lehnte das Konzept der Nationalliteratur ab und bekannte sich in den 1820er-Jahren mehrfach in seiner Zeitschrift *Über Kunst und Altertum* und in den Gesprächen mit Eckermann zur ‹Weltliteratur›. Damit stand er quer zum aktuellen Zeitgeist. Seine Sentenz «National-Literatur will jetzt nicht viel sagen, die Epoche der Welt-Literatur ist an der Zeit» (Goethe 39, 225) war 1827 eine kontrafaktische Behauptung, eine einsame Gegenstimme in der anwachsenden Konjunktur der literarischen Nationalisierung. Was Goethe ebenso ablehnte, war das Interesse an der christlichen Malerei des Mittelalters und der Renaissance, aus dem romantische Kunsttheoretiker in Deutschland eine neue Form der Kunstfrömmigkeit entwickelten und aus dem vor allem die Nazarener ihre Impulse bezogen (vgl. Kap. 4 a). In *Über Kunst und Altertum* wendete er sich zusammen mit dem Schweizer Maler Johann Heinrich Meyer entschieden gegen die «falsche Frömmeley» dieser «neu-deutschen religios-patriotischen Kunst», wie er sie nannte (Goethe 20, 105 und 129).

Dadurch wurde Goethes Zeitschrift allerdings nicht zu einem antiromantischen Manifest. Anders als der Titel vermuten lässt, geht es in ihr vielfach um die zeitgenössische Literatur, insbesondere in Großbritannien, Frankreich und Italien. Im Gegenzug zu seiner Ablehnung vieler zeitgenössischer deutscher Romantiker trat Goethe dabei engagiert für Romantiker in anderen Ländern ein, für Byron, Manzoni und Hugo. Er referierte die Literaturzeitschriften und -debatten der Nachbarländer und betrieb damit genau das internationale Vermittlungsgeschäft, das er mit dem Begriff ‹Weltliteratur› meinte. Mit großer Freude verfolgte er auch die Übersetzungen und Diskussionen seiner eigenen Werke. Ergriffen berichtete er von Eugène Delacroix' Lithographien zu seinem *Faust* (Abb. 5), deren schaurig emotionale Ästhetik Goethes sonstigem klassizistischen Geschmack in der bildenden Kunst so genau widerspricht, wie sie der Dramenästhetik seines *Faust* entspricht. Das bekannte Goethe-Wort: «Das Klassische nenne ich das Gesunde, und das Romantische das Kranke» (Goethe 39, 324), 1829 von Eckermann notiert, gehört zur wachsenden Fremdheitserfahrung des alten Mannes gegenüber seiner Gegenwart. Doch es ist nicht die ganze Wahrheit über sein Verhältnis zur europäischen Romantik. In seinem typologischen Denken sah Goethe das Klassische und das Romantische als gleichwertige Gegenpole, und ganz im Sinne von Schillers Unterscheidung von ‹naiv› und ‹sentimentalisch› bekannte er selbst, dass die eigene, zeitgemäße Qualität seiner Werke auch dort, wo sie antike Formen verwenden, im Sentimentalischen, Romantischen liege. Seine zeitgenössischen Leserinnen und Leser innerhalb und außerhalb Deutschlands haben es nicht anders gesehen.

Aufklärung und Romantik sind europäische Epochen. Beide Begriffe bezeichnen Tendenzen, die jeweils zu etwa derselben Zeit in vielen europäischen Ländern durchschlagend wirksam

5 Eugène Delacroix, *Faust et Mephistopheles galopant dans la nuit du Sabat*, 1828

wurden. Der Begriff ‹Klassik› funktioniert dagegen nur auf nationaler Ebene. Er meint keinen Zeitraum mit charakteristischen Tendenzen, er weist vielmehr auf die großen Einzelnen und deren prestigeträchtige Werke, nicht auf eine klassische Zeit, sondern auf ‹Klassiker›. In den verschiedenen europäischen Literaturen gehören diese verschiedenen Epochen an: in Italien (Dante, Boccaccio, Petrarca) dem Spätmittelalter und der Frührenaissance, in Frankreich (Corneille, Racine, Molière, La Fontaine) und in England (Shakespeare) dem Barock und in Deutschland (Goethe, Schiller) der Übergangszeit von der Aufklärung zur Romantik. Goethes und Schillers Werke sind wesentliche Teile der europäischen Aufklärung und Romantik – nicht etwas Drittes, das man davon unterscheiden sollte. Wenn man sie zu einer eigenen Epoche der ‹Deutschen› oder ‹Weimarer Klassik› erklärt, verdeckt man diesen Zusammenhang.

Es war das nationalliterarische Denken des 19. Jahrhunderts, das diese eigenwillig deutsche Epochenordnung hervorgebracht hat. Dahinter stand die für die damalige Germanistik prägende Absicht, die Eigenart und Größe der deutschen Literatur ganz aus sich selbst heraus darzustellen, in Abgrenzung von den europäischen Nachbarn, vor allem in Abgrenzung von Frankreich und insgesamt den romanischen Kulturen (vgl. Kap. 5 d). Deshalb wurde die Epoche der ‹Deutschen Klassik› von der europäischen Aufklärung und Romantik getrennt und über beide erhoben. Diese Intention ist Geschichte, und so sollte man auch den Epochenbegriff der ‹Deutschen Klassik› Geschichte sein lassen. Den Ausdruck ‹Weimarer Klassik› kann man sinnvoll für das Arbeitsbündnis von Goethe und Schiller zwischen 1795 und 1805 verwenden, in dem sich beide programmatisch und publizistisch zur Stärkung ihres literarischen Einflusses vereint haben. Doch das ergibt keine Epoche, auch keine Alternative zu Aufklärung und Romantik, sondern eine personell und zeitlich enge Episode innerhalb der europäischen Romantik.

4. Über die Literatur hinaus

a) Kunst und Kunstreligion

Was die Malerei betrifft, ist das charakteristisch Neue an der Romantik zunächst eine Sache der Betrachtung, nicht der Herstellung. Denn das Revolutionäre lag hier nicht in den Bildern selbst, sondern in deren Interpretation. Das Neue war erst einmal keine neue Malerei, sondern eine neue Einstellung ihr gegenüber.

Den ersten Anstoß dazu gab eine kleine Schrift, die einen heute ganz und gar aus der Zeit gefallenen Titel trägt: *Herzensergießungen eines kunstliebenden Klosterbruders*. Der Autor ist Wilhelm Heinrich Wackenroder (1773–1798), ein damals gut 20-jähriger Student. Es handelt sich um eine Reihe kleiner Abhandlungen über Maler und Malerei, die nicht er selbst, sondern sein Freund Ludwig Tieck 1797 anonym unter dem genannten Titel herausbrachte. Wer diesen heute liest, wird ihn wohl zugleich kitschig und verschroben finden. Für die Zeitgenossen aber hatte er Signalwirkung, denn er markiert eine ganz neue Weise, über bildende Kunst zu schreiben. Der «kunstliebende Klosterbruder» (nach heutigem Sprachgebrauch der kunstliebende Mönch) ist die Rolle, die Wackenroder einnimmt, um über Maler und Malerei zu reden. Und dass diese Reden «Herzensergießungen» heißen, zeigt an, dass es dabei vor allem um Gefühle geht. Mönchische Gefühle, sagt dieser Titel, sind der angemessene Modus, sich über Kunst zu äußern.

Schaut man darauf, was man zuvor an Kunsttheorie lesen konnte, kann der Bruch kaum größer sein. Denn es herrschte ein akademischer Abhandlungsstil, in dem die Malerei (wie die Literatur in der Regelpoetik) nach Gattungsnormen reglementiert wurde. Sich angemessen über Malerei zu äußern hieß dort, Porträt-, Historien-, Landschafts- und mythologische Malerei, Stillleben, Allegorien und noch anderes mehr zu unterscheiden und nach den je zugehörigen Regeln zu beurteilen oder zu lehren. Dem die Rollenrede eines gefühlvollen Mönchs entgegenzusetzen war als Konventionsbruch deutlich genug. Er überträgt die religiöse Haltung auf die Kunst. Die Bildbetrachtung wird zur Gottesandacht, die Regelorientierung weicht der inneren Einkehr, Ehrfurcht und Erhebung der Seele. Mit den Worten des Klosterbruders, der seine Botschaft gegen die Laster seiner Zeitgenossen richtet:

«Bildersäle werden betrachtet als Jahrmärkte, wo man neue Waren im Vorübergehen beurteilt, lobt und verachtet; und es sollten Tempel sein, wo man in stiller und schweigender Demut und in herzerhebender Einsamkeit die großen Künstler, als die höchsten unter den Irdischen, bewundern und mit der langen, unverwandten Betrachtung ihrer Werke in dem Sonnenglanze der entzückendsten Gedanken und Empfindungen sich erwärmen möchte. [...] Kunstwerke passen in ihrer Art so wenig als der Gedanke an Gott in den gemeinen Fortfluß des Lebens; sie gehen über das Ordentliche und Gewöhnliche hinaus, und wir müssen uns mit vollem Herzen zu ihnen erheben, um sie in unsern von Nebeln der Atmosphäre allzu oft getrübten Augen zu dem zu machen, was sie, ihrem hohen Wesen nach, sind.» (Apel 70 f.)

Die Bildersäle als Jahrmärkte, als Verkaufsausstellungen, gegen die sich der Klosterbruder hier wendet, gab es tatsächlich. Sie waren vom 17. bis ins 19. Jahrhundert sogar die repräsentativste Form, in der aktuelle Malerei sich öffentlich darstellte. Die international wichtigsten Veranstaltungen dafür waren die etwa alle zwei Jahre stattfindenden ‹Pariser Salons›. Ursprünglich von Ludwig XIV. gegründet, um den klassizistischen Hofgeschmack zu propagieren, hielten sie sich bis ins 19. Jahrhundert. Die Revolution tat dieser Tradition keinen Abbruch, sondern führte die ehemals königliche als staatliche Veranstaltung weiter. Diese ‹Salons› waren ein großes gesellschaftliches Ereignis, zugleich eine Selbstdarstellung der französischen Kunstakademie und ihrer Geschmacksnormen sowie nicht zuletzt ein Geschäft, zu dem viele Kunsthändler anreisten. Der Klosterbruder trifft das zielsicher, indem er von «Jahrmärkten» und «neuen Waren» spricht. Wenn er dann sein Ideal dagegensetzt, kann man sich an die biblische Erzählung von der Austreibung der Händler aus dem Tempel erinnert fühlen. Kunstausstellungen sollen Tempel sein, Kunstbetrachtung Gottesandacht. In aller Klarheit: «Ich vergleiche den Genuß der edleren Kunstwerke dem *Gebet*.» (Apel 70) Beten aber ist keine Wahrnehmung, es ist die Hinwendung zum Übersinnlichen. Ganz konsequent ist es deshalb das «volle Herz» und nicht die «allzu oft getrübten Augen», mit denen der Klosterbruder Kunst erkennen will. Deren «Wesen» ist für ihn nichts Sichtbares, sondern etwas Emotionales, Psychisches, Spirituelles. So werden Kunstbetrachtung und -theorie zur Kunstreligion.

Inspiriert wurde Wackenroder durch die christliche Malerei der italienischen Renaissance. Raffaels Sixtinische Madonna, die seit 1754 in der Dresdener Galerie hing, war das zentrale Bezugswerk. Neben der Titelseite der *Herzensergießungen* ist ein Kupferstichporträt des Malers zu sehen mit der Unterschrift «Der Göttliche Raphael». Das Adjektiv vereint drei Perspektiven: Zum einen ist es eine rhetorische Maximalformel für das Künstlerlob, zum anderen weist es auf die sakralen Inhalte und kultischen Funktionen von Raffaels Bildern, und zum Dritten sakralisiert es den Maler und seine Kunst. Darin zeigt sich die Ambivalenz der romantischen Kunstreligion: Sie ist die Hinwendung zur sakralen Kunst und zugleich die Sakralisierung der Kunst selbst. Die äußeren Begleitumstände favorisierten die zweite Tendenz.

Die Französische Revolution und Napoleons Eroberungen führten zur Säkularisierung von Kirchen und Klöstern, wodurch viele religiöse Gemälde auf den Kunstmarkt kamen. Was einst für den Verweis auf die christlichen Glaubensinhalte und für den Kult geschaffen war, löste sich aus dieser Funktion heraus und wurde in seiner malerischen Qualität interessant. In ihrem Gesprächstext *Die Gemählde*, der 1799 im *Athenäum* erschien, haben August Wilhelm und Caroline Schlegel diese Veränderung markiert: Gerade weil die christliche Malerei immer wieder dieselben Motive zeige (insbesondere Maria mit dem Jesuskind), sei sie geeignet, die Aufmerksamkeit vom Dargestellten weg auf die Art der Darstellung umzulenken. Äußerlich entspricht dem die Versetzung der Bilder aus Kirchen und Klöstern in Galerien, so wie es auch mit der Sixtinischen Madonna geschehen war, die ursprünglich als Altarbild in einer Kirche in Piacenza hing. So reflektiert die romantische Kunstreligion die Autonomisierung der alten religiösen Kunst in der modernen Gesellschaft. Dass sie dabei die kultische Andacht nicht beseitigte, sondern von den Glaubensinhalten auf den Kunstanspruch übertrug, wirkt bis zum heutigen Ausstellungsbetrieb nach. Die Präsentation von Kunstwerken in Museen und Ausstellungen setzt die Aura, in die Wackenroders Klosterbruder die Kunstbetrachtung getaucht hat, bis in die Gegenwart fort.

Was Wackenroders *Herzensergießungen* und auch Ludwig Tiecks Roman *Franz Sternbalds Wanderungen* in den 1790er-Jahren literarisch imaginierten, dass nämlich junge deutsche Maler in kunstfrommer Erwartung nach Rom pilgern, geschah ein Jahrzehnt später tatsächlich. Friedrich Overbeck (1789–1869), Franz Pforr (1788–1812) und Peter Cornelius (1783–1867) fanden sich mit anderen in einer Art Wiederbelebung einer mittelalterlichen Malergilde in Rom zur St.-Lukas-Bruder-

6 Friedrich Overbeck, *Italia und Germania*, 1828, München, Neue Pinakothek

schaft zusammen (der heilige Lukas war der Schutzpatron der Maler). Als Erinnerung an die Jünger Jesu wurden sie ‹Nazarener› genannt, ursprünglich wohl in spöttischer Absicht. Die Zeitgenossen bezogen sich damit auf die langen Haare und Bärte, die die jungen Deutschen nach dem Vorbild der üblichen Christus-Darstellungen getragen haben sollen. In der Kunstgeschichte hat sich der Ausdruck allerdings ganz ohne Ironie etabliert. Er trifft die durch Wackenroder inspirierte kunstreligiöse Ausrichtung dieser Gruppe, die ihre Anknüpfung an die mittelalterlichen Gilden ganz im Sinne der *Herzensergießungen* als Abkehr vom zeitgenössischen Akademie- und Salonbetrieb verstand.

Eines der bekanntesten Gemälde der Nazarener ist die Allegorie *Italia und Germania* von Friedrich Overbeck (Abb. 6). Es stellt die sentimentale Verbindung der beiden Länder dar, die die nach Rom gepilgerten deutschen Maler selbst suchten. Die

7 Eugène Delacroix, *Die Freiheit führt das Volk*, 1830, Paris, Musée du Louvre

stilistische Orientierung an der christlichen Renaissancemalerei, insbesondere an Raffael, ist offenkundig. Peter Cornelius trat vor Delacroix mit Illustrationen zu Goethes *Faust* und zu Dantes *Göttlicher Komödie* hervor; Letztere hatten August Wilhelm Schlegel und Schelling neu ins Interesse gerückt und zu höchstem Ansehen erhoben. Franz Pforrs Werke zeigen ein idealisiertes Mittelalter, wie es gleichzeitig in der Literatur und der sich gründenden Germanistik beschworen wurde (vgl. Kap. 5 a, e).

Wie Peter Cornelius hat Eugène Delacroix (1798–1863) sich neben *Faust* auch von Dantes *Divina Commedia* inspirieren lassen und aus ihr ein Bildmotiv gewählt (*Die Dantebarke*, 1822). In der Orientierung an Goethes Drama und dem mittelalterlichen Epos kommen der deutsche und der französische Maler überein. Doch zeigt sich bei ihnen zugleich dieselbe Differenz wie bei vielen zeitgenössischen Schriftstellern. Während die Nazarener wie einige deutschsprachige Autoren sich dem Katholizismus zuwandten, engagierte sich Delacroix wie Victor Hugo gegen die Restauration. Sein Gemälde *Die Freiheit führt das Volk* (Abb. 7) aus dem Jahr 1830 ist, auch wenn es sich spezifisch auf die Julirevolution bezieht, zur französischen Revolutionsikone geworden. Dem herrschenden Geist der deutschen Spätromantiker lief dieses Bild zuwider. Doch entsprach es damit dem deutschen Exilanten Heinrich Heine. Er hat das Gemälde in seinem Bericht über den Pariser Salon 1831 gefeiert.

Die romantische Landschaftsmalerei (vgl. den Exkurs zu Kap. 1 b) blühte vor allem in England und Deutschland. William Turner (1775–1851) hat aus ihr heraus schließlich auch die Malweise revolutioniert. Vor allem seine späten Werke (wie *Sonnenuntergang über einem See*, 1840, *Schatten und Dunkelheit*, 1843, *Eine Bergszene, Aostatal*, 1845) stellen Wetter- und Lichtphänomene so dar, dass die Bildobjekte unkenntlich und die Farben autonom werden. Damit hat Turner den Impressionismus und die abstrakte Malerei vorbereitet.

b) Musik

Die musikalische Romantik entstand aus ihrem Kontakt zur Literatur. Das lag zum einen an der führenden Rolle der Liedkomposition für die ästhetische Entwicklung der Musik zu Beginn des 19. Jahrhunderts. Franz Schuberts (1797–1828) Vertonungen von Goethe-Gedichten und von Wilhelm Müllers Gedichtzyklen (*Die schöne Müllerin*, 1823, *Winterreise*, 1827) sowie Robert Schumanns (1810–1856) Eichendorff-Lieder sind zum Inbegriff romantischer Musik geworden. Indem die Melodie der Singstimme und die Klavierbegleitung sich hier nicht strophisch wiederholen, sondern durchkomponiert sind, bieten sie in stärkerem Sinne als beim Strophenlied eine eigene Interpretation der Texte. Die Komposition folgt dabei nicht einfach dem Metrum der Verse und Strophen. Durch Vor-, Zwischen- und Nachspiele des Klaviers, durch Wechsel in Tempo und Dynamik, durch Wiederholungen und Melodiewechsel wird sie vielmehr zu einer differenzierten akustischen Auslegung des lyrischen Gehalts.

Schumanns Vertonung von Eichendorffs *Mondnacht* etwa (zum Text vgl. Kap. 1 b) lässt das Klaviervorspiel der ersten und zweiten Strophe bei der dritten Strophe weg, so dass die Transzendenz des Seelenflugs direkt an die Naturwahrnehmung anschließt und unmittelbar aus ihr hervorgeht. Statt eines Vor- hat die dritte und letzte Strophe ein instrumentales Nachspiel, das der Stimmung des Gedichts über die Worte hinaus mit autonomen musikalischen Mitteln Ausdruck gibt. Schuberts Vertonung von Goethes *Erlkönig* macht die schauerromantische Dynamik dieser Ballade aufs Deutlichste hörbar. Die Verse der drei hier sprechenden Figuren sind in ihrer jeweilen Emotionalität akustisch profiliert: die des Erlkönigs als verführerischer Singsang, die des Sohnes als schreckvoll erregtes Entsetzen, die des Vaters als ruhige Beschwichtigungsversuche. Das hämmernde hohe Tempo, das in der Klavierbegleitung den schnellen Ritt hören lässt, bricht vor dem letzten Vers jäh ab, nach einer Pause ohne Begleitung bringt die Singstimme in kontrastiver Langsamkeit die Todesnachricht. Zwei hart angeschlagene Klavierakkorde setzen den Schlusspunkt. Was Schumanns und Schuberts Beispiele zeigen, gilt generell: Die romantischen Liedkompositionen folgen der zeitgenössischen Lyrik und intensivieren deren Stimmungsqualitäten.

Neben den Gedichtvertonungen begegneten sich Literatur und Musik aber noch auf andere Weise: Es war die Literatur, die den Ausdruck ‹romantisch› nicht nur auf die Musik übertrug, sondern zu deren wesentlicher und höchster Qualität erklärte. Den Schlüsseltext dafür hat der Schriftsteller, Komponist und Jurist E. T. A. Hoffmann geliefert, und zwar mit der Abhandlung *Beethovens Instrumental-Musik*. Hoffmann schreibt den Text seinem fiktiven Kapellmeister Johannes Kreisler zu, einer in mehreren seiner Erzähltexte auftauchenden exzentrischen, genial-wahnsinnigen Künstlerfigur. Die Abhandlung ist aus zwei älteren Rezensionen zusammengestellt (zu Beethovens 5. Sinfonie und zwei seiner Klaviertrios), die Hoffmann zuvor in einer Musikzeitschrift veröffentlicht hatte. Zum Kreisler-Text umgearbeitet, bieten sie eine Würdigung der Instrumentalmusik als der reinsten Form der Musik, ja der Kunst überhaupt. Den

Anlass dazu gaben neben Beethoven auch Mozart und Haydn, in deren Kompositionen viele zeitgenössische Musikkritiker ein ganz neues Niveau der Instrumentalmusik erkannten. Insbesondere die langsamen Sätze weckten in ihrer emotionalen, lyrischen Ausdrucksqualität viel Aufmerksamkeit und Anerkennung. Das Adjektiv ‹romantisch› soll bei Hoffmann die besondere Qualität dieser reinsten Kunst erklären: «Sie [die Instrumentalmusik] ist die romantischste aller Künste, beinahe möchte man sagen, allein echt romantisch, denn nur das Unendliche ist ihr Vorwurf.» (Hoffmann 2/1, 52) Was der Instrumental- gegenüber der Vokalmusik fehlt – der durch die Worte bestimmte Inhalt –, macht für Hoffmann ihren Vorzug aus. Da sie keine bestimmten Inhalte habe, sei sie nicht ohne, sondern von potenziell unendlichem Gehalt. Hoffmann führt das wortreich aus: Beethovens Instrumentalmusik öffne «das Reich des Ungeheuren und Unermeßlichen», «das Geisterreich des Unendlichen» oder, mit einem Wort: «das wundervolle Reich des Romantischen» (Hoffmann 2/1, 54 f.).

Das aus der Literatur stammende Epochenwort führte in der Musik um 1800 zu einer Umordnung der Gattungshierarchie und zu einem neuen Ideal. ‹Romantisch› diente als Schlüsselwort, um eine spezifische, rein musikalische Qualität zu identifizieren, die gerade dadurch, dass sie keine bestimmten Inhalte und Bedeutungen habe, unendlich bedeutsam sei. Die Instrumentalmusik gewann dadurch gegenüber der zuvor höher geschätzten Vokalmusik an Prestige, die Symphonie trat an die Spitze der Gattungshierarchie. Sie wurde zur Leitgattung des neuen Ideals der ‹reinen› oder, wie es dann seit der Mitte des 19. Jahrhunderts hieß, der ‹absoluten› Musik.

Wackenroder und Tieck, deren *Herzensergießungen* den Blick auf die Malerei revolutionierten (vgl. Kap. 4 a), haben diese Entwicklung schon vor Hoffmann eingeleitet, und zwar ihrerseits mit einer literarisch fiktiven Autorfigur. Den Schluss der *Herzensergießungen* bildet ein Kurzroman über *Das merkwürdige musikalische Leben des Tonkünstlers Joseph Berglinger*. Er überträgt die zuvor dargestellte Kunstfrömmigkeit gegenüber der Malerei auf die Musik. Wie zuvor die religiöse Malerei Raffaels ist es nun die Kirchenmusik, die ein spirituelles Kunstideal inspiriert. In jungen Jahren davon entbrannt, wird Berglinger Komponist, um am Ende jedoch an diesem Ideal zu scheitern. Er versinkt in der Kluft zwischen dem technisch Handwerklichen und dem spirituell Idealischen der Tonkunst, das er, im Technischen verstrickt, nicht zu erreichen vermag. Nach den vielen kunstfrommen Bekenntnissen des Buchs überrascht dieser ernüchternde Schluss. Wie Hoffmann seinen Kapellmeister Kreisler ließ Wackenroder seinen Tonkünstler Berglinger dann als Autor von musiktheoretischen Abhandlungen auftreten, die ihrerseits die Instrumentalmusik und insbesondere die Symphonie als die reinste Form der Musik preisen. Ludwig Tieck hat diese Aufsätze 1799, nach dem frühen Tod seines Freundes Wackenroder im Jahr 1798, als zweiten Teil der *Phantasien über die Kunst* herausgegeben.

Für die Musik zeigt sich in den romantischen Texten derselbe Prozess wie für die Malerei. Die religiöse Dimension, die beide Künste als Elemente des christlichen Kults hatten, wird auf diese Künste selbst übertragen. Wie das Marienbild, das nicht mehr aufgrund der Dargestellten, sondern der Darstellung verehrt wird, zieht die Kirchenmusik nicht durch ihre geistlichen Inhalte, sondern durch das Reinmusikalische eine neue, kunstfromme Andacht auf sich. Aufgrund ihrer Immaterialität gewinnt die Musik gegenüber der Malerei dabei das Prestige der reinsten ‹geistigen› Kunst. Die Schwere- und Körperlosigkeit ihrer Ausdrucksmittel hebt sie in eine gleichsam überirdische Sphäre, und das Fehlen aller bestimmten Inhalte eröffnet die Interpretationsidee, in den Tönen stattdessen das Geistige überhaupt zu vernehmen. Es war abermals E. T. A. Hoffmann, der diese Perspektive am prägnantesten formulierte. Seine Abhandlung *Alte und neue Kirchenmusik* (1816) vollzieht, auch wenn sie von den spezifisch religiösen Gattungen handelt, den Schritt von der alten Sakralmusik zur neuen Sakralisierung der Musik aufs Deutlichste: «Keine Kunst geht so rein aus der inneren Vergeistigung des Menschen hervor, keine Kunst bedarf so nur einzig reingeistiger, ätherischer Mittel, als die Musik. Die Ahnung des Höchsten und Heiligsten, der geistigen Macht, die den Lebensfunken der ganzen Natur entzündet, spricht sich hörbar aus im Ton» (Hoffmann 2/1, 505).

Während die romantische Kunsttheorie bei der Malerei an ältere Werke, insbesondere aus der Renaissance, anknüpfte, war die romantische Musiktheorie und -schriftstellerei gegenwartsorientiert. Oder anders gesagt: Es war die Entwicklung der Musik im ausgehenden 18. Jahrhundert, die in der Literatur einen solchen Widerhall fand, dass die Musik dort zum Leitbild aller Künste erklärt und in ihrer Faszination erzählerisch vergegenwärtigt wurde. In der Vielfalt, aber auch den Verfahren, wie die Musik und Musiker dabei zur Darstellung kommen, überstrahlt E. T. A. Hoffmann alle anderen. Neben der schon genannten Instrumentalmusik griff er auch zeitgenössische Opern auf. In zwei Erzähltexten hat er die Reform, die Christoph Willibald Gluck (1714–1787) in diese Gattung brachte (mit der Ablösung der barocken Verzierungs- und Virtuosenkunst durch eine am Gesangstext orientierte Emotionalität), und die Begeisterung, die Mozarts *Don Giovanni* seit seiner Uraufführung 1787 auslöste, auf fantastische Weise behandelt, und zwar im engen literaturwissenschaftlichen Sinne dieses Ausdrucks (vgl. Kap. 2c): Die Erzählung *Ritter Gluck* stellt den Komponisten als einen geheimnisvollen, außerordentlichen Mann dar. Der Ich-Erzähler, der ihm begegnet, ist sich dabei nicht sicher, ob diese Begegnung real oder nur die Einbildung eines über allen anderen stehenden Genies ist. In *Don Juan* besucht der Ich-Erzähler eine Aufführung von Mozarts Oper, wobei ihn die Sängerin der Donna Anna so intensiv berührt, dass er sie später in seinem Bett noch einmal ganz nah zu hören, zu riechen und zu spüren glaubt. Ein der Ich-Erzählung nachgeschobenes kurzes Ende teilt dann den Tod der Sängerin in derselben Nacht mit. So nutzt Hoffmann den Modus des Fantastischen, um auf seine Weise zu zeigen, welch überwältigende Wirkung Glucks und Mozarts Musik auf die Einbildungskraft ihrer Hörer hat.

Heinrich von Kleist (1777–1811) hat die Macht der Musik literarisch noch weiter gesteigert. Seine Erzählung *Die heilige Cäcilie oder die Gewalt der Musik* handelt von einem musikalischen Wunder. Die Schutzheilige der Musik, Cäcilie, steigt vom

Himmel herab und dirigiert einen Nonnenchor, dessen Klang das Kloster vor einem unmittelbar bevorstehenden Bildersturm und der Plünderung bewahrt. Am Ende wendet Kleist das Wunderbare allerdings ins Groteske. Die Bilderstürmer, die, vom frommen Gesang ergriffen, von ihrer Tat abgelassen haben, landen im Irrenhaus, wo sie ihrerseits das ‹Gloria in excelsis› der Ordensschwestern zu jeder Mitternachtsstunde auf schauerliche, markerschütternd grässliche Weise intonieren. Das musikalische Wunder endet als schauerromantisches Motiv.

In die Musikgeschichtsschreibung ist der Romantikbegriff schließlich so breit eingeschlagen wie in kein anderes Feld. Er wird für die Musik des gesamten 19. bis in den Anfang des 20. Jahrhunderts verwendet. Das Ende markieren die ab etwa 1910 einsetzenden Traditionsbrüche und die vielfache Suche nach neuen Kompositionsweisen, die man unter der Bezeichnung ‹Neue Musik› zusammenfasst.

c) Philosophie und Naturwissenschaft

Die Jenaer Frühromantik ist philosophisch inspiriert. Die entscheidenden Anregungen kamen dabei von Kant und Fichte. Beider Werke wirkten als Neuanfänge der Philosophie, die alle traditionelle Metaphysik durch eine kritische Selbstreflexion der menschlichen Vernunft und eine dezidierte Selbst- und Absolutsetzung des Bewusstseins hinter sich ließen. Friedrich Schlegel und Novalis begannen auf dieser Grundlage, den Prozess des Philosophierens in ganz unterschiedlichen Hinsichten zu reflektieren: in seiner thematischen und disziplinären Vielfalt und deren Zusammenhang; seinem Selbstverständnis und seinem Verhältnis zu anderen Wissenschaften und Künsten, auch zur Rhetorik; in seinem Hang zur Systembildung und deren Vor- und Nachteilen; seinem Anspruch auf Letztbegründung und deren Haltbarkeit; seiner Abhängigkeit von Traditionen, Gewohnheiten, Geschmack, Emotionen und Vorlieben; sowie schließlich seiner eigenen unhintergehbaren sprachlichen wie stilistischen Dimension. All diese Reflexionen sind in zahllosen Notizen aufbewahrt, die sich neben Kant und Fichte auch mit weiteren Philosophen von Platon bis Hemsterhuis auseinandersetzen. Einige davon – häufig die aphoristisch zugespitzten – wurden zu Lebzeiten unter dem Gattungsnamen ‹Fragmente› (vgl. Kap. 2b) publiziert. Der weitaus größere Teil ist allerdings erst im 20. Jahrhundert aus dem Nachlass ediert worden.

Diese publizierten und nachgelassenen Notizen ergeben keine frühromantische Philosophie im Singular. Sie dokumentieren vielmehr ein beispiellos aspektreiches Nachdenken, das Philosophie als fortlaufendes Reflektieren ihrer eigenen Voraussetzungen und Bedingungen vollzieht. Das entspricht dem kantischen Perspektivwechsel, der nach den Bedingungen im menschlichen Bewusstsein fragt, die Erkennen und Urteilen möglich machen. Schlegel und Novalis übertrugen diesen Ansatz von der Bewusstseinsanalyse auf den textuellen Prozess des Philosophierens. Das erste *Athenaeums*-Fragment gibt das Motto dazu, indem es das Defizit benennt, das Schlegel und Novalis zu beheben versuchen: «Über keinen Gegenstand philosophieren sie seltener als über die Philosophie.» (KFSA 2, 165) In charakteristischer Wendung, die den Selbstbezug zur Selbststeigerung erhebt, nannte Schlegel dieses Unternehmen ‹Philosophie der Philosophie›, so wie er seine gleichzeitigen literarisch-poetologischen Texte (wie etwa das *Gespräch über die Poesie*) als ‹Poesie der Poesie› bezeichnet hat. Den dialogischen Charakter, den das Poesiegespräch simuliert und der sich mit Novalis im Austausch und im wechselseitigen Kommentieren der Notizen real ergab, betonte Schlegel mit seinem Neologismus des ‹Symphilosophierens›. Er ist zum Kennwort für den Kreis der Frühromantiker und seine intellektuelle Geselligkeit geworden, wie sie sich selbstbewusst und herausfordernd im *Athenaeum* niedergeschlagen hat.

Ein weiterer maßgeblicher Impuls der romantischen Philosophie waren Schillers Briefe *Über die ästhetische Erziehung des Menschen* (1795). Sie knüpfen ihrerseits an Kant an, indem sie dessen bewusstseinstheoretische Erklärung der Schönheit ethisch interpretieren. In dem Urteil, etwas sei ‹schön› – so erklärt es Kants *Kritik der Urteilskraft* –, drücke sich der innere Zustand des Menschen aus, der durch das als ‹schön› Empfundene ein belebend-harmonisches Wechselspiel seiner intellektuellen und sinnlichen Vermögen erlebe. Schönheit sei keine objektive Qualität, sondern erkläre sich aus der subjektiven Gestimmtheit des Betrachters, die Kant als ein ‹freies Spiel› von Sinnlichkeit und Verstand definiert. Schiller interpretiert dieses Spiel als menschlichen Idealzustand, als glückliche harmonische Selbsterfahrung, die zugleich die grundlegende Erfahrung von Freiheit sei. Diese Freiheitserfahrung durch Schönheit, argumentiert Schiller weiter, sei der erste, notwendige Schritt zur politischen Freiheit. Die Französische Revolution sei daran gescheitert, dass er gefehlt habe. Weil die unterdrückten Massen noch niemals erfahren konnten, was Freiheit sei, musste die Beseitigung der Obrigkeit in Terror enden. Freiheitseinübung durch Schönheit sei deshalb das Gebot der Stunde, um die Ziele der Revolution, die gesellschaftliche Freiheit, zu erreichen. Dass dies sehr idealistisch gedacht ist und sich am ehesten vielleicht in kleinen elitären Zirkeln realisieren lasse, sieht Schiller am Ende der *Ästhetischen Erziehung* selbst.

Schillers Wirkung ergab sich vor allem aus der Art seines Philosophierens. Er argumentiert einerseits auf Kantischer Grundlage, verstößt aber andererseits gegen deren Regel, die verschiedenen Bereiche der Philosophie – Erkenntnistheorie, Ethik, Ästhetik – zu trennen und in ihrer jeweiligen Eigenart zu bedenken. Zwar erwägt auch Kant gelegentlich Analogien zwischen dem guten Handeln und dem Sinn für die Schönheit, doch hält er solche Analogien nicht für tragfähig. Schiller hingegen macht sie zum Prinzip, indem er Kants Ästhetik anthropologisch und ethisch versteht. Die Schönheitsempfindung, wie Kant sie definiert, gilt ihm zugleich als Erfüllung des Menschseins und als individuelle Entsprechung zur politischen Freiheit.

Mit Kant über Kant, genauer über die internen philosophischen Disziplingrenzen hinaus zu denken: Das ist das romantische Programm der Philosophie. Schillers *Ästhetische Erziehung* ist dazu der methodische Auftakt. Erkenntnistheorie, Anthropologie, Ethik und Ästhetik (auch als Philosophie der Kunst) sollten nicht als getrennte Disziplinen, sondern in ihrem Zusammenhang als eine umfassende Philosophie gedacht werden. Die traditionellen Dualismen – die Gegenüberstellung von Subjekt und Objekt, Ich und Welt, Mensch und Natur, Vernunft und Sinnlichkeit, Immanenz und Transzendenz – sollten dabei nicht als Oppositionen, sondern aus einem Prinzip heraus verstanden werden, nicht konträr, sondern harmonisch als dynamische Einheit ihres Wechselbezugs. «Ich will», so formuliert Hölderlin dieses Programm, «das Prinzip finden, das mir die Trennungen, in denen wir denken und existieren, erklärt, das aber auch vermögend ist, den Widerstreit verschwinden zu machen, den Widerstreit zwischen dem Subjekt und dem Objekt, zwischen unserem Selbst und der Welt, ja auch zwischen Vernunft und Offenbarung.» (Hölderlin 225)

Hölderlin selbst hat dieses Programm nur in einigen fragmentarischen philosophisch-poetologischen Abhandlungen in Angriff nehmen können. Seine Krankheit verhinderte Weiteres. Die weiteste Ausarbeitung einer solchen monistischen und holistischen (also auf ein Prinzip gegründeten und ganzheitlichen) Philosophie hat Hölderlins Studienfreund Schelling vorgelegt, wobei er in seinem langen Leben verschiedene Ansätze verfolgte und die Begründung der Philosophie nacheinander in die Subjektivität, die Natur, die Kunst, den Mythos und die Offenbarung setzte. Die größte Wirkung hat seine Naturphilosophie erreicht, deren monistisch allumfassender Naturbegriff die romantische Naturforschung geleitet hat.

Als Romantiker kann man diejenigen Naturwissenschaftler seit dem ausgehenden 18. Jahrhundert bezeichnen, die gegen die zeitgenössische disziplinäre Ausdifferenzierung der Naturforschung und trotz der großen Fortschritte analytisch empirischer Verfahren an einer spekulativ-synthetischen Naturphilosophie orientiert blieben. Zu ihnen zählen der (hier schon als Landschaftsmaler erwähnte) Mediziner Carl Gustav Carus, der Physiker und Galvanismusforscher Johann Wilhelm Ritter (1776–1810), dem der Jenaer Kreis, insbesondere Novalis, nahestand, der Biologe Lorenz Oken (1779–1851), der vorübergehend auch an der Universität Jena lehrte, der dänische Physiker und Chemiker Hans Christian Ørsted (1777–1851) sowie Johann Wolfgang Goethe. Sie alle waren keine empiriefeindlichen Spekulierer. Sie waren vielmehr überzeugt, dass die experimentelle und detailanalytische Arbeit komplementär von einem Konzept der ‹ganzen› Natur, von einem Denken in großen Zusammenhängen begleitet sein müsse, so dass sich Empirie und Spekulation wechselseitig ergänzen.

Als Leitbild diente der Organismus, die Vorstellung der Natur als eines allumfassend lebendigen Ganzen, in das auch der Forscher selbst, seine Wahrnehmung und sein Intellekt mit eingeschlossen seien. Daraus resultierte die wissenschafts- und naturethische Haltung, sich selbst als Teil der zu erforschenden Natur zu verstehen. Sympathetische Teilnahme und Sensibilität statt distanzierter Datenerhebung und Berechnung waren das methodische Ideal. Die Naturforschung wurde so zu einer eigenen Schule der Sittlichkeit, in der es galt, die Achtung vor der Natur, die eigene Zugehörigkeit zu ihr und die Empfängnisbereitschaft für ihre Selbstoffenbarung zu lernen. Novalis, der studierte Naturwissenschaftler unter den Frühromantikern, hat diese Botschaft mit seinem unvollendeten Roman *Die Lehrlinge zu Sais* verfolgt. Goethe hat sie mit seiner *Farbenlehre* in fast kirchenkämpferischer Weise gegen Newtons Optik und deren Vermessung des Farbspektrums vertreten.

Experimentierende Naturforscher wie der Botaniker Matthias Jacob Schleiden (1804–1881), der den Zellaufbau der Pflanzen erkannte, Emil du Bois-Reymond (1818–1896), der die Physiologie als naturwissenschaftliche Disziplin begründete, und der berühmt gewordene Pathologe und Hygieniker Rudolf Virchow (1821–1902) haben die von Schelling beeinflusste Naturphilosophie als Träumerei und metaphysische Spekulation verurteilt. Das hat auf die Beurteilung der romantischen Naturforscher abgefärbt, so dass diese Gruppe insgesamt als eine empiriefeindliche spekulative Sackgasse der Wissenschaftsgeschichte eingeschätzt wurde. Dieses Urteil ist heute revidiert. Auch wenn die Spezialisierung der experimentellen Naturwissenschaften immer weiter voranschreitet, ist der romantische Impuls zu einem umfassenden Naturverständnis nicht obsolet geworden. Die Spannung zwischen Detailwissen und Gesamtbild, die die Romantiker um 1800 noch zu beherrschen glaubten, ist bis heute allerdings fast ins Unbeherrschbare gestiegen. Die wissenschafts- und naturethische Haltung der romantischen Naturwissenschaftler ist in unseren Tagen aber dringlicher denn je.

5. Historisierung und Nationalisierung

a) Rückwärts gekehrte Utopien

Das 19. Jahrhundert brachte den Siegeszug des geschichtlichen Denkens. Die Geschichtswissenschaft wurde zur ersten Leitdisziplin der sich nach und nach ausdifferenzierenden Geisteswissenschaften und strahlte, wie die Evolutionsbiologie zeigt, auch darüber hinaus aus. In der Literaturwissenschaft machten auch in dieser Hinsicht die Brüder Schlegel den maßgeblichen Anfang. Mit ihren literaturgeschichtlichen Vorlesungen, die sie von 1801 an bis ins zweite Jahrzehnt des 19. Jahrhunderts hinein an ihren verschiedenen Wirkungsstätten in Berlin, Paris, Köln, Wien und Bonn hielten, begann die moderne Literaturgeschichtsschreibung. Diese Vorlesungen wurden zum Teil auch gedruckt und übersetzt (1809/11 August Wilhelm Schlegels *Vorlesungen über dramatische Kunst und Litteratur*, 1814 Friedrich Schlegels *Geschichte der alten und neuen Literatur*).

Der neue Anspruch der modernen Literaturgeschichte lag darin, die Geschichtlichkeit im konzeptionellen und ästhetischen Wandel der Literatur selbst zu sehen und aufzuweisen, anstatt – wie die älteren Darstellungen – nur eine Chronik der Autoren und ihrer Werke zu liefern. Friedrich Schlegel hat diesen Anspruch in der Aussage pointiert, dass «der vollständigste Begriff [der Literatur] die Geschichte der Literatur selbst» sei (KFSA 11, 6). Das entspricht seiner Rede von der «progressiven Universalpoesie». Literatur wird als ein dynamisch entwicklungsoffenes Phänomen verstanden, das man nicht ein für alle Male auf einen Begriff bringen, sondern nur in seiner historischen Entfaltung und Veränderung begreifen kann. Auch die Ersetzung der regelpoetischen Norm durch die individualisierende Kritik (vgl.

Kap. 1c) folgt diesem Literaturverständnis. Es prägt die Universitäten, die Schulen und den Literaturbetrieb bis heute. Literatur zu studieren heißt nicht, sie nach Regeln zu lernen, sondern ihre Geschichte zu erarbeiten, und zwar nicht als etwas Abgeschlossenes, sondern als anhaltenden Prozess der Fortentwicklung, von dem man immer Neues erwartet.

Dieser wissenschaftlich-disziplinären Entwicklung ging das Interesse Einzelner an der älteren volkssprachlichen Literatur voraus. Die Pioniere waren der Engländer Thomas Percy und der Schweizer Johann Jakob Bodmer, die in der Mitte des 18. Jahrhunderts mittelalterliche und frühneuzeitliche Balladen (Percy) und u.a. das Nibelungenlied (Bodmer) wiederentdeckten und bekannt zu machen versuchten. Damit begann die Tendenz, alternativ zur griechisch-römischen Antike ein ‹nördliches›, volkssprachliches Altertum zu erschließen. Die nachfolgenden Generationen haben dies aufgegriffen und zu einer breiten Bewegung gemacht. In ihr liefen Wiederentdeckungen, Neueditionen, literarische Adaption und Imagination ineinander. Denn das neue Interesse an der mittelalterlichen und frühneuzeitlichen Literatur war von der Sehnsucht nach einer verlorenen heilen Welt gespeist. Das Mittelalter und die ‹Dürerzeit›, also die Frührenaissance, auf die sich das kunsthistorische Interesse der Romantiker richtete, wurden zur Projektionsfläche für das eigene Ideal einer in ihrer Spiritualität geeinten Gesellschaft. Die ältere Literatur und Kunst dienten so als Anschauungsmaterial für eine selbstgemachte Utopie. Das galt bis in die Gründungsjahre der Mittelalter-Philologie durch die Brüder Grimm. Deren bahnbrechende, standardsetzende wissenschaftliche Arbeiten gingen durchweg mit einer starken Idealisierung ihrer Sprach- und Literaturaltertümer einher (vgl. Kap. 5d). Auch hier trifft ein Wort von Friedrich Schlegel die Sache am genauesten. «Der Historiker», definiert er aphoristisch, «ist ein rückwärts gekehrter Prophet» (KFSA 2, 176). Die Anfänge des historischen Interesses in der Romantik hatten etwas utopisch Imaginäres.

Am deutlichsten zeigt sich der ‹rückwärts gekehrte Prophet› in Novalis' Rede über *Die Christenheit oder Europa* (1799). Sie malt den vorreformatorischen Katholizismus als Utopie eines friedlich geeinten Europas aus und verkündet die Erneuerung des Christentums als aktuelle gesellschaftliche Heils- und Friedensbotschaft. Der Jenaer Kreis, in dem Novalis diese Rede vortrug, entschied sich gegen ihre Veröffentlichung, aus Sorge, sie könne missverstanden werden. Ein Missverständnis wäre es, sie als Bekenntnis zum Katholizismus zu lesen. Denn das neue Christentum, von dem Novalis redet, ist keine Konfession, sondern die ästhetisierte, subjektivierte und individualisierte Form von Religion, die das epochal Neue der romantischen Literatur darstellt (vgl. Kap. 1 d). Sie allein vermag es für Novalis, die politischen Kriege und Konflikte, die auf die Französische Revolution folgten, zu überwinden und Frieden zu stiften. Novalis' Rede fehlt jede politische Rationalität. Sie begegnet den politischen Problemen der Gegenwart mit einer utopischen Imagination, die sich aus Elementen des mittelalterlichen Christentums speist, und reflektiert diese imaginative Problemlösung zugleich programmatisch als friedlichen Lösungsweg. Genauso verfährt Novalis in seinem Roman *Heinrich von Ofterdingen*, der den mittelalterlichen Minnesänger zum Heilsbringer gegen die rationalistischen und materialistischen Modernisierungsschäden macht.

So wie in Novalis' Werken begegnen das Mittelalter und die Dürerzeit in der romantischen Literatur immer wieder als eine nach eigenen, aktuellen Idealen geformte bessere Welt. Und auch die philologische Arbeit, die Erschließung der alten Texte, vollzog sich wie gesagt ganz im Geiste dieser Idealisierung. Ludwig Tieck legte 1798 mit *Franz Sternbalds Wanderungen* einen Roman vor, der das Konzept der Kunstreligion (vgl. Kap. 4 a) in die Dürerzeit projiziert. Fünf Jahre später gab er in eigener neuhochdeutscher Überarbeitung mittelhochdeutsche Minnelieder heraus (*Minnelieder aus dem schwäbischen Zeitalter*, 1803), die er in seinem Vorwort als poetisches Ideal verklärt, zu dem sich die Gegenwart neu erheben solle. Eichendorffs *Aus dem Leben eines Taugenichts* (1826), eine der populärsten Erzählungen der Romantik, sollte ursprünglich den Titel «Der neue Troubadour» tragen. Der mittelalterliche Minnesänger, so sieht man, war zur Idealfigur geworden, in der literarischen Fiktion wie in der Anverwandlung der alten Texte. Eine zwar nicht so lang anhaltende, doch zu seinen Lebzeiten weitaus größere Popularität als Eichendorff erreichte Friedrich de la Motte Fouqué (1777–1843) mit seinen Mittelalter-Adaptionen und -Fantasien. Unter vielen anderen Werken zählen dazu seine dreiteilige Dramatisierung des Nibelungenlieds (*Der Held des Nordens*, 1810) sowie sein dickleibiger, seinerseits dreibändiger Ritterroman *Der Zauberring* (1813). Er sollte ursprünglich «Waffenhallen und Minnelauben» heißen, ein Titel, der so effektvoll wie klischeehaft die Spannung des Ritterlebens zwischen Kampf und Frauendienst markiert. Der Roman, wird überliefert, habe von den Dienstmägden bis zur Kaiserin von Österreich durch alle Schichten hindurch einen überwältigenden Erfolg gehabt.

Wie beliebt das mittelalterliche Ambiente beim Publikum war, belegt auch das Beispiel Heinrich von Kleist. Keines seiner Theaterstücke hatte zu seinen Lebzeiten oder auch ein halbes Jahrhundert danach Erfolg – mit einer Ausnahme: *Das Käthchen von Heilbronn*, Kleists einziges Mittelalterstück. Im Untertitel kündigt es sich als «ein großes historisches Ritterschauspiel» an, und es hält, was es verspricht. Es wurde zu einem der meistgespielten Stücke im 19. Jahrhundert, was auch an der damals üblichen historisierenden Inszenierungspraxis lag, die die pittoresken Angebote des Textes auskostete. Kleist setzt ganz auf das zentrale Element, das das romantisierte Mittelalter kennzeichnet: das christliche Wunderbare. So wie das *Käthchen* und auch andere zeitgenössische Werke es vergegenwärtigen, verliert es seinen religionsdidaktischen Zweck, mit dem es ursprünglich in den biblischen Wundererzählungen und den Legenden verbunden war. Es wird stattdessen zu einem Stimmungselement, das die dargestellte Wirklichkeit ästhetisch und emotional steigert. Vorausdeutende Träume, die wahr werden, rettende Engel, eine transzendente Schicksalsmacht, die die menschlichen Akteure ohne deren Wissen und Wollen zu ihren Zielen führt: In der romantischen Literatur verweisen sie nicht auf den allmächtigen Gott, sondern verleihen dem menschlichrealistischen Geschehen eine geheimnisvolle Aura. Das Mittelalter erscheint als eine Welt, in der die Menschen selbst durch ihre spirituelle Dimension größer, emotional ergreifender, faszinierender wirken. Die Szene, in der das Käthchen, vom Cherub gerettet, unversehrt aus der brennend eingestürzten Burg tritt (3. Akt, 14. Auftritt), zeigt sie im Vordergrund. Der Engel bleibt hinter ihr und wirkt weniger als er selbst und mehr als der Lichtglanz, durch den die junge Frau wunderbar erstrahlt. Das ist das Prinzip der romantischen Mittelalter-Begeisterung: Das christliche Wunderbare hebt die Menschen und ihre Welt in einen ästhetisch und emotional höheren Rang. Genauso ist es in der *Jungfrau von Orleans*, dem über das 19. Jahrhundert hinweg (anders als heute) mit Abstand beliebtesten Schiller-Drama.

In den Jahren 1802/03 hat François-René de Chateaubriand, der Erfinder des ‹Weltschmerzes› (vgl. den Exkurs zu Kap. 1 b), den «Geist des Christentums» genau so definiert, wie er in der zeitgenössischen Literatur erscheint. Ähnlich wie Novalis, Schleiermacher und Friedrich Schlegel vertritt auch Chateaubriand ein menschlich-ästhetisches Religionsverständnis. Die Wahrheit des Christentums erweist sich für ihn nicht in theologisch-metaphysischer, sondern allein in ästhetischer Hinsicht. Es sei die Schönheit der christlichen Kultur, die die Wahrheit verbürge. In seiner Abhandlung über den *Génie du christianisme* entfaltet Chateaubriand ein breites Panorama dessen, was das Christentum an Poesie, Musik und bildenden Künsten, an Architektur, Riten, Brauchtum und gesellschaftlichen Institutionen hervorgebracht hat. Die Schönheit, die Bildung und die menschliche Geborgenheit, die durch all dies geschaffen worden seien, bewiesen die Überlegenheit des Christentums über alle anderen Religionen wie auch über die Kritik an ihm. Chateaubriand sieht das Christentum damit, wie er selbst treffend sagt, «in einem blos menschlichen Lichte» (Geist des Christentums 14). Besser kann man das Prinzip der literarisch-romantischen Mittelalter-Begeisterung nicht auf den Punkt bringen.

Was Chateaubriand und die zeitgenössische Literatur damit vollführen, ist das Gegenteil von Ikonoklasmus. Sie stürmen nicht gegen die Bilder, die sich Menschen von Gott gemacht haben, oder gegen die traditionellen Kulte und Riten, im Gegenteil. Sie wenden sich gerade diesen kulturellen Bereichen zu, um in deren ästhetischer Qualität das Eigentliche auszumachen. Es ist eine Art Ikonophilie: die Liebe zur sinnlichen, anschaulichen Seite der Religiosität. Ein zentrales Phänomen, an dem sich das zeigt, ist die Neubewertung der gotischen Kathedralen. Sie sind die monumentalsten Zeugnisse des christlichen Mittelalters. Dem vom akademischen Klassizismus geprägten ‹guten Geschmack› des 18. Jahrhunderts erschienen sie als monströs. Tatsächlich trat man ihrem Verfall kaum entgegen, so dass sich die schauerromantische Fantasie (vgl. Kap. 2 d) wohl noch leichter an ihnen entzünden konnte.

Doch neben der Gruselästhetik der ‹gothic novel› gab es zur selben Zeit auch eine gegenläufige Tendenz, in der die Gotik das romantische Gegen-Ideal zum Klassizismus wurde. Riesengroß himmelwärts strebend statt maßvoll irdisch proportioniert: So lautete die neue Hochschätzung der zuvor geringgeschätzten und vernachlässigten Gebäude. Das Romantiker-Auge sieht in den hohen Kathedralen mit ihren Spitzbögen und dem luftig durchbrochenen Maßwerk die Himmelfahrt der menschlichen Seele. So beschreibt es der fiktive junge Maler, der in Tiecks Roman *Franz Sternbalds Wanderungen* aufs Straßburger Münster blickt: «Es ist der Geist des Menschen selbst, [...] sein kühnes Riesenstreben nach dem Himmel, seine kolossale Dauer und Unbegreiflichkeit» (Tieck 218), die er in dem Kirchenbau erkennen will. Nicht nur fiktive, auch reale Maler der Zeit waren von der himmelwärts strebenden Architektur begeistert – Karl Friedrich Schinkel so sehr, dass er ein zum Himmel hin so durchsichtiges, filigranes Maßwerk gemalt hat, wie man es nie bauen könnte (*Gotischer Dom am Wasser*, Abb. 8). Wie die Schriftsteller steigerten auch die Maler ihr Mittelalterbild nach ihrem eigenen Ideal. Tieck lässt die antiklassizistische Ästhetik auch sprachlich spüren, indem er sein Kathedralenlob in eine manierierte, groteske Metapher kleidet. Der Bau, sagt der Maler, sei ein «ungeheurer Springbrunnen von lauter Felsmassen» (Tieck 218).

8 Karl Friedrich Schinkel, *Gotischer Dom am Wasser*, 1813, Berlin, Alte Nationalgalerie

Der größte romantische Kathedralenroman ist Victor Hugos *Notre-Dame de Paris. 1482* von 1831. Der Originaltitel nennt nur das Gebäude und eine Jahreszahl, nicht den in den meisten deutschen Übersetzungen vorangestellten Glöckner. Hugo zeichnet seinerseits ein antiklassizistisches, idealisiertes Bild des gotischen Baus, das jedoch anders als bei den deutschen Autoren eine rein materiell-körperliche Groteske ohne jede transzendente Perspektive darstellt. Die große Kirche verliert alle Weihe und dient als Trutzburg des ungleichen Paares Quasimodo und Esmeralda, des verwachsenen, bärenstarken, gutherzigen und geistig beschränkten Glöckners und der bildschönen, leichtfertigen Tänzerin, die sich einer Ziege statt Menschen anvertraut. Die charakteristischen Eigenschaften der Kathedrale sind hier nicht ihr filigranes himmelwärts strebendes Maßwerk, sondern die wuchtigen Türen und Türme, die sich als Bollwerke bewähren, von denen es Blei und Steinquader herabregnet. Hugos Ideal ist das kontraststark pralle irdische Leben, das Spannungsgefüge aus abgründigen Lebensgeschichten, starker Emotionalität im Einzelnen und einem rauschhaft sinnlich, gewissenlos wirkenden Gesamtbild, in einem Wort: das menschliche Leben als Groteske. Das mittelalterliche Ambiente und dessen Zentrum Notre-Dame dienen als Projektionsfläche dafür. Auch hier wird das Mittelalter zu einer rückwärts gekehrten Utopie, allerdings mit einer ganz anderen Vorstellung davon, worin die Steigerung gegenüber der eigenen Gegenwart besteht.

Schließlich griff die Neubewertung der Gotik auch auf die Architektur über. Das neu gewonnene Prestige verhalf dem Baustil zu einer Wiederbelebung auch durch prominente repräsentative, öffentliche Gebäude, wie der Palace of Westminster, der im neugotischen Stil 1840–1870 errichtete britische Parlamentssitz, beweist. In Frankreich inspirierte Hugos Roman zu einem nationalen Programm einer historisierenden Rekonstruktion der gotischen Kathedralen. In Deutschland lief es auf die Fertigstellung des 1248 begonnenen, doch jahrhundertelang kaum halbvollendeten Kölner Doms hinaus. In dessen spätem Abschluss 1880 wurde ein Ideal Wirklichkeit. Denn keine der authentisch mittelalterlichen Kathedralen ist so stilrein gotisch wie diese. Motiviert und politisch durchgesetzt wurde diese Vollendung durch die irrtümliche Annahme, die Gotik sei die national deutsche Baukunst. Nach dem Sieg über Frankreich 1870/71 sollte der Kölner Dom als ein triumphales Symbol die deutsche Überlegenheit auf linksrheinischem Ufer repräsentieren. Wie gesagt: Der Blick in die Vergangenheit suchte ein besseres, größeres Selbst, hier mit der Pointe, dass die vermeintlich national deutsche tatsächlich eine in Frankreich entwickelte Baukunst war.

b) Volkstümlichkeit

Percys Edition mittelalterlicher und frühneuzeitlicher englischer Dichtung (*Reliques of Ancient English Poetry*, 1765) brachte mit der Wiederentdeckung alter auch eine Neuausrichtung der aktuellen Literatur. Sie gab dieser ein neues Ideal: das der Volkstümlichkeit. Die ersten zeitgenössischen Autoren, die es aufnahmen, waren Coleridge und Wordsworth. Ihre *Lyrical Ballads* sind in der Abkehr von der akademischen Tradition (vgl. Kap. 1 c) zugleich ein erstes Manifest der neuen Volkstümlichkeit. Im Vorwort zu der Balladensammlung hat Wordsworth das Ideal expliziert: Im volkstümlichen Stil komme die einfache, naturverbundene Lebenseinstellung zum Ausdruck, die sich in ländlichen Regionen unverdorben über die Jahrhunderte erhalten habe. Den Kontrast dazu liefern die Großstadtkultur und die beginnende Industrialisierung, die in England zu Anfang des 19. Jahrhunderts so weit fortgeschritten waren wie nirgendwo sonst. Für Coleridge und Wordsworth war das neue Ideal nicht nur eine literarische Stilfrage, sondern auch eine lebenspraktische Entscheidung: Um 1800 siedelten beide in den ländlichen Lake District über. Die Anglistik nennt sie deshalb ‹lake poets›, zu denen als Dritter Robert Southey (1774–1843) zählt. Die Inspiration durch die ältere Dichtung nährte das Ethos einer Aussteigerkultur, die gegen die sich beschleunigende Modernisierung das Ideal einer naturnahen, einfachen Traditionsverbundenheit setzte. Für Anhänger wie Kritiker ist das bis heute eines der Hauptmerkmale von Romantik.

Zur damaligen Zeit aber hatte das Ideal der traditionsverbundenen Volkstümlichkeit auch eine politisch progressive Tendenz. Es sollte die Ständeordnung überwinden. Percys Pionierarbeit fand viele Nachfolger, in Großbritannien selbst und mehr noch in Deutschland. Dort sammelte und edierte als Erster Johann Gottfried Herder *Alte Volkslieder* (1774), zunächst deutsche, danach (1778/79) auch Übersetzungen aus anderen europäischen Sprachen. Arnim, Brentano und die Brüder Grimm setzten diese literarhistorische Arbeit fort und etablierten dabei den Begriff der ‹Volkspoesie›. Er trug im Ansatz dieselbe Botschaft wie die Begriffe ‹people› und ‹peuple› in der Amerikanischen Unabhängigkeitserklärung von 1776 und der französischen *Erklärung der Menschen- und Bürgerrechte* aus dem Revolutionsjahr 1789. Wie in diesen beiden politischen Dokumenten meinte der Ausdruck ‹Volk› im Begriff ‹Volkspoesie› die Gesellschaft ohne Standesgrenzen. Es ging wie in der Politik gegen die ‹höheren› Stände und deren Führungsanspruch.

Der Gegenbegriff ‹Kunstpoesie› funktionierte – nicht durchweg, doch bei Arnim und den Grimms – nach genau dieser Logik. Er war pejorativ gemeint – ‹Kunst› im Sinne von Künstlichkeit und Künstelei, zu nichts anderem gut als zur Befriedigung der lebensfernen Geschmacksdoktrinen einer abgehobenen Elite.

Die Parallelität des literarischen und des politischen Diskurses war in diesen Jahren offenkundig. Das Ideal der Volkstümlichkeit und das Konzept der Volkspoesie zielten nicht auf Massenunterhaltung oder auf das, was wir heute ‹niedrigschwellige Angebote› nennen. Sie sollten vielmehr ein neues Selbstbewusstsein gegen die akademische und höfische Oberschicht stiften und der revolutionären Vorstellung vom Volk als egalitärer Gemeinschaft eine kulturelle Basis geben. Dies war der gemeinsame Impuls, der aber in den verschiedenen Ländern und in den verschiedenen Zeiten, die sich durch zahlreiche Kriege immer neu wendeten, unterschiedlich ausfiel. Deshalb kann man nicht urteilen, ob die Romantik insgesamt politisch progressiv oder regressiv war. Sie war beides, je nach Ort und Situation.

Die größte Differenz zeigt sich dabei zwischen Frankreich und Deutschland. Das Ideal der Volkstümlichkeit hat sich in den beiden Ländern in gegenläufiger Weise profiliert. In Frankreich gab ihm Victor Hugo den wirkungsvollsten Ausdruck. In seinem *Hernani*-Vorwort von 1830 erklärt er, die romantische Literatur sei «die laute und mächtige Stimme des Volkes» («la voix haute et puissante du peuple», Hugo 1149). Literaturtheorie wird hier zur politischen Rhetorik. Mit seinem romantischen Drama, so sieht es der Autor, habe er dem französischen Volk die Stimme zurückgegeben, die ihm der Klassizismus, die Stimme des Hofes, geraubt habe. Geschrieben wurde dieses Vorwort wenige Monate vor der Julirevolution, die den immer repressiver regierenden Karl X. durch den ‹Bürgerkönig› Louis Philippe ersetzte. Hugo selbst hätte sich einen entschiedeneren Wechsel zur Republik gewünscht. Sein Romantikmanifest knüpft in kulturpolitischer Hinsicht an die Radikalität der Revolution von 1789 an. Denn seine Botschaft, dass die romantische Literatur – und nur sie – für das französische Volk spreche, bricht mit dem auf den Klassizismus gegründeten nationalen

Kulturstolz Frankreichs, der über das 18. Jahrhundert, die Revolution und Napoleons Herrschaft hinweg stabil geblieben war.

In Deutschland veränderte sich das Ideal der Volkstümlichkeit mit dem Verhältnis zum französischen Nachbarn. Der Anfang, den Herder setzte, war von einer europäischen Perspektive bestimmt. Dessen zweite Volksliedsammlung, die in zwei Bänden 1778/79 erschien, enthält neben deutschen eine viel größere Zahl übersetzter Texte, deren Herkunft jeweils angezeigt wird. Abgesehen vom Deutschen sind dabei 17 weitere europäische Sprachen und Mundarten vertreten; ein Lied stammt aus Peru. Herders Intention entspricht schon den späteren romantischen Programmatiken, insofern er mit seinen Sammlungen das Selbstbewusstsein des breiten Volks stärken will. Diese Botschaft formuliert er emphatisch: «für *Nation*! *Volk*! einen Körper, der *Vaterland* heißt! schreibend und sammelnd» (Herder 20). Dieser Adressat ist genau derjenige, den wenig später die französische Nationalversammlung politisch an die Macht bringt. Das Volkspoesiekonzept ist in seinem Grundgedanken deren virtuelle Vorwegnahme. Anders als die Revolution setzt es aber auf einen friedvoll kulturellen Prozess, und anders als seine Nachfolger mobilisiert Herder dabei noch kein Feindbild der fremden Nation, gegen das sich die eigene zu behaupten habe. Diese nationalistische Wende kam erst durch die Napoleonische Besatzung und dann die Befreiungskriege. Die integrative Absicht mit Blick auf die nationale Einheit blieb erhalten, hinzu trat die aggressive Abgrenzung gegen den zunächst triumphierenden, dann zu besiegenden Kriegsgegner.

Des Knaben Wunderhorn, Arnims und Brentanos Volksliedsammlung von 1806, ist der erste Schritt zur nationalen Verengung. Dass sie, wie der Untertitel anzeigt, nur «alte deutsche Lieder» enthält, sagt allein noch nichts. Die Verengung zeigt sich erst in Arnims mitgelieferter Abhandlung *Von Volksliedern*, die das Volkstümliche als spezifisch deutsch verstehen und von allem Fremden reinhalten will. Wie bei Wordsworth dient auch hier die – in Deutschland viel weniger als in London entwickelte – städtische Kultur als Gegenbild. Vor deren Eitelkeit soll die Besinnung auf die alten, bodenständigen Traditionen bewahren. Anders als Wordsworth aber spekuliert Arnim auf eine nationale Mobilmachung durch das Volkslied: Als Ausdruck des nationalen Gemeinschaftsgefühls sei dieses geeignet, «sein zerstreutes Volk» zu «sammeln», «singend zu einer neuen Zeit unter seiner Fahne» (Wunderhorn 413). In den Liedern von Ernst Moritz Arndt (1769–1860) und Theodor Körner (1791–1813), mit denen die Soldaten in die Befreiungskriege zogen, wurde dieses spekulative Bild wenige Jahre später Wirklichkeit. In ihnen gehört zur deutschen Volkstümlichkeit ein ungebremster Franzosenhass.

Auch im Falle der Volkspoesie liefert schließlich ein Aphorismus von Friedrich Schlegel den aufschlussreichsten Kommentar. Ironisch deckt er das Imaginäre dieses Konzepts auf: «Zum großen Nachteil der Theorie der Dichtarten vernachlässigt man oft die Unterabteilungen der Gattungen. So teilt sich zum Beispiel [...] die Volkspoesie in die Volkspoesie für das Volk und in die Volkspoesie für Standespersonen und Gelehrte.» (KFSA 2, 166) Tatsächlich waren es ausnahmslos Gelehrte, die von ‹Volkspoesie› sprachen. Die damit behauptete egalitäre Literaturgemeinschaft war eine Wunschvorstellung. Bei Arnim bekommt sie eine quasi-religiöse, transzendente Dimension, wenn er sich den Volksliedddichter nicht als Individuum, sondern als «Gemeingeist» (Wunderhorn 396) des Volkes vorstellt. Jacob Grimm wird ihm mit der These folgen, dass das *Nibelungenlied* von keinem individuellen Autor stammen könne. Es sei vielmehr der dichterische Ausdruck des kollektiven Volksgeists.

Ihm schreiben die Grimms auch die Sagen und Märchen zu, die sie sammelten und herausgaben. Diese Texte seien keine individuellen Menschenwerke, sondern wie von selbst aus dem Volk hervorgegangen. In den Vorworten zu ihren Sagen- und Märchensammlungen ziehen die Brüder den Vergleich zum organischen Wachstum und bezeichnen die ‹Volks›- auch als ‹Naturpoesie›, die sie als ewig und unvergänglich gegen die flüchtig vergängliche ‹Kunstpoesie› stellen. Sich selbst sehen sie deshalb mit aller Entschiedenheit als Sammler und nicht als Autoren, was im Blick auf die Märchen allerdings nur die halbe Wahrheit ist. Denn auch wenn Wilhelm Grimm keine Motive und Handlungen erfunden hat, so stammt doch der Stil, der diese Märchen ausmacht, ganz allein von ihm. Das kann man über die verschiedenen Ausgaben der *Kinder- und Hausmärchen* nachvollziehen (sieben Auflagen zwischen 1812 und 1857), in denen sich der Wilhelm Grimmsche Märchenton erst nach und nach entwickelt und dann perfektioniert hat. Dass er nicht nur der Sammler, sondern in stilistischer Hinsicht der Verfasser seiner Märchen war, hat Wilhelm Grimm am Ende jedoch indirekt selbst eingestanden, als er aus eigenem Urheberrechtsanspruch gegen Nachdrucke vorging. Man spricht deshalb heute besser von dem ‹Grimmschen Buchmärchen› oder kurz von der ‹Gattung Grimm›, um nicht die falsche Vorstellung des sich selbst überliefernden ‹Volksmärchens› fortzuschreiben.

‹Volkspoesie› ist ein ideologisches und kein empirisch überprüfbares Konzept. Wo immer sie konkret greifbar wird, sind es Individuen, die deren Texte erstellen und bearbeiten. Das ‹Volk› als egalitärer kollektiver Autor ist ein Produkt der Einbildungskraft, ein romantisches selbstgemachtes Jenseits, von dem viele, nicht allein Arnim und die Grimms, nur nicht wahrhaben wollten, dass es eines ist. Die Volkspoesie ist keine objektive literaturgeschichtliche Größe, sondern war eine romantische Utopie mit je nach Kontext und Situation emanzipatorischem oder chauvinistischem Sinn.

c) Märchen

Als Teil des Konzepts der Volkspoesie sind Grimms Märchen ein Produkt der Romantik. Im Vergleich zu den anderen Märchen der Zeit aber bilden sie eine ganz eigene Gruppe: Sie sind Kinderliteratur und schaffen eine autonome Märchenwelt, die keine direkten Bezüge zu realen Schauplätzen, zur Geschichte oder zur Gegenwart und deren Diskussionen hat. Bei den anderen Märchen der Romantik ist das anders. Sie greifen aktuelle Debatten ihrer Zeit auf und nutzen die Märchenelemente für die Behandlung komplexer gesellschaftlicher, psychologischer und philosophischer Probleme, womit sie sich eindeutig einem erwachsenen Publikum zuwenden. Darin entsprechen sie den Märchen der Aufklärung, die ihrerseits Erwachsenenliteratur sind. Voltaire (1694–1778), Rousseau und Denis Diderot (1713–1784) haben ‹philosophische› Märchen geschrieben, in denen politische, pädagogische, gesellschafts-, wissenschafts- und kunsttheoretische Positionen vertreten und erörtert werden. Daneben waren Feenmärchen verbreitet und beliebt, die ihre märchenhaften Fiktionen als Freiraum für Erotik und Sexualität nutzten. Christoph Martin Wieland (1733–1813) hat diese französische Mode ins Deutsche übertragen. Die Aufklärung war eine Blütezeit der Erwachsenenmärchen, die sich in der deutschen Romantik fortsetzte. Mit dem überragenden Erfolg der Grimms aber ließ die Produktivität des Märchens für Erwachsene dann deutlich nach.

Die originellsten Märchenerzähler der Romantik waren Ludwig Tieck, E. T. A. Hoffmann, Novalis, Clemens Brentano und Friedrich de la Motte Fouqué. Sie alle haben dieser Gattung ihre je eigene Wendung gegeben und damit zur formalen Fortentwicklung der Literatur beigetragen. Denn mit den romantischen Märchen beginnt die nicht-realistische Literaturästhetik der Moderne.

Den Anfang machte Ludwig Tieck mit seiner Sammlung *Volksmärchen*, die er 1797 unter dem Pseudonym Peter Leberecht herausbrachte. Der Titel ironisiert das Konzept der Volkspoesie, weil die unter ihm versammelten Texte alles andere als volkstümlich sind. Es handelt sich vielmehr um eigenwillige, individuell verschiedene Neuerfindungen der Gattung. Mit dem *Gestiefelten Kater* nahm Tieck dabei zwar einen Stoff des französischen Märchendichters Charles Perrault (1628–1703) auf, richtete ihn aber als eine satirische Komödie formal wie inhaltlich ganz neu aus. Indem er das Märchenstück zusammen mit dem Theaterbetrieb und den Zuschauern in Szene setzt, zeigt er den sprechenden und menschlich handelnden Kater als Provokation und Überforderung des bürgerlichen Publikums, das in seinen Realismus- und Moralerwartungen gefangen ist (vgl. Kap. 1 e). Ein anderer Text aus dieser Sammlung, *Der blonde Eckbert*, entwickelt das Märchen zur psychopathologischen

Studie. Der Aufbruch eines ungeliebten Stiefkinds zu einer einsamen, in zauberhaft glücklichem Ambiente wohnenden Frau kann hier sowohl als eigentliche Handlung als auch als bloße Fantasieflucht gelesen werden; und die Verwirrungen um einen alten Freund können sowohl als Intrige einer gestaltwandlerischen Hexe als auch als Sinnestäuschungen eines mehr und mehr dem Wahnsinn verfallenen Mannes aufgenommen werden. Indem Tieck das Märchenhafte figurenperspektivisch als Fantastisches (vgl. Kap. 2 c) präsentiert, macht er es zu einem Ausdrucksmittel subjektiv erlebter Wirklichkeit. Es simuliert den Realitätsverlust oder richtiger gesagt: die eigene, andere Realitätserfahrung, die Menschen in psychopathologischen Situationen machen können. E. T. A. Hoffmann hat Tiecks Psychologisierung des Märchens perfektioniert und damit den Grundstein für die moderne fantastische Literatur gelegt.

Eine ganz andere Art von Märchen begegnet bei Novalis. Er nutzt seine Märchen als Allegorien. Sie sind alle in seine beiden Romane, *Die Lehrlinge zu Sais* und *Heinrich von Ofterdingen*, eingefügt und bieten jeweils eine Kurzfassung seines geschichtsmythischen Denkens und seiner poetischen Erlösungsbotschaft: Die Welt stehe am Ende einer durch einseitigen Rationalismus und Materialismus verdorbenen Zeit und warte auf Poesie und Liebe, um das verlorene Goldene Zeitalter wiederzugewinnen. Das «Klingsohr»-Märchen aus dem *Ofterdingen*-Roman (vgl. Kap. 1 d) ist das komplexeste Beispiel dafür. Es führt vor, wie Novalis sich die Erlösung der Welt durch Poesie praktisch vorstellt. Sie soll dadurch geschehen, dass ein neuer, origineller Märchenton die verschiedenen, getrennten Disziplinen und Weltanschauungsweisen – Naturwissenschaft, Anthropologie, Religion, Mythos, Geschichte, Politik – zu einer neuen Einheit zusammenfasst. In ihr soll das Komplexeste zugleich als das Einfachste erscheinen, das wissenschaftliche Wissen in leicht verständlicher Anschaulichkeit. Die Grundlage dafür ist Novalis' Denken in Analogien, das auf verborgene Korrespondenzen und Zusammenhänge zwischen allen Wirklichkeitsbereichen spekuliert. In so noch nie versuchter Weise baut Novalis daher Versuchsanordnungen und Begriffe der zeitgenössischen Elektrizitätsforschung, die an Volta und Galvani anknüpfte, mit in seine aus den verschiedensten Mythen und Märchenmotiven konstruierte Erzählung ein. In seinen umfänglichen nachgelassenen Notizen finden sich viele fragmentarische Ansätze, die das Märchen in dieser zukunftsweisenden Funktion reflektieren, wie z. B.: «Das *ächte Märchen* muß zugleich *Prophetische Darstellung* – idealische Darstellung – absolut nothwendige Darstellung seyn. Der ächte Märchendichter ist ein Seher der Zukunft.» (Novalis 2, 514)

Eine abermals andere Wendung zeigt sich bei Clemens Brentano. Seine Märchen haben weder die psychologische Subtilität des Fantastischen noch weltanschaulich Missionarisches. Sie sind vielmehr Virtuosenstücke eines Stilkünstlers und Sprachspielers. Das belegen vor allem seine vier *Rheinmärchen*, die 1810–1812 entstanden, doch erst 1846 postum erschienen sind. In ihren Stoffen, Figuren und Motiven enthalten sie vieles, was auch bei den Grimms zu finden ist. Durch die Einbindung weiterer Sagen und Legenden, durch teilweise reale Schauplätze und historische Bezüge aber ist ihre Märchenwelt weitaus heterogener. Die ersten drei dieser Märchen haben den personifizierten Rhein als eine zentrale Figur, im vierten tritt er nicht mehr auf. Überhaupt sind die hier geschaffenen Welten in sich unstimmig und inkonsequent. In kurzen Abschnitten richtet sich die Handlung immer neu aus und ändern sich stillschweigend und unkommentiert die Eigenschaften all dessen, worum es geht, bis hin zu den Größenverhältnissen der Akteure untereinander. So entstehen Erzählwelten, die das Unterschiedlichste grotesk verbinden und Metamorphosen aufbieten, die auf die surrealistische Ästhetik des 20. Jahrhunderts vorausweisen, wenn etwa ein beim Hochzeitstanz ausgerissener Ärmel zur mythischen Ursprungserklärung des Ärmelkanals wird.

Was all dieses Unzusammenhängende zusammenhält, ist die Erzählstimme. Sie lässt eine ironische Distanz zu allem Erzählten spüren und die Lust an der auktorialen Willkür. Gelegentlich wird die Sprache autonom, indem Redensarten und Metaphern wörtlich genommen und zu handelnden Figuren werden – der ‹lange Tag› erscheint als hochgewachsener Mann,

9 Karl Friedrich Schinkel, Bühnenbild zu *Undine*, gotischer Stadtbrunnen, 1816, Berlin, Kupferstichkabinett

‹Seelenverkäufer› (eine Metapher für nicht seetüchtige Schiffe) erscheinen als Ladenbesitzer, die Menschenseelen feilbieten. Brentanos Stil macht das Märchen zu einem Fest der Erzählfantasie und -willkür. Er steht damit in deutlichstem Kontrast zum Grimmschen Märchenton und entspricht genau dem selbstbewussten Kunstanspruch eines modernen Schriftstellerindividuums, über den sich das Vorwort der *Kinder- und Hausmärchen* nur abfällig äußert. Brentano hat seinerseits daran gedacht, Märchenstoffe zu sammeln und herauszugeben. Hätte er es im Geiste seiner *Rheinmärchen* getan, hätte es eine witzige Alternative zu Grimms Erfolgsbuch gegeben.

Die zeitgenössisch erfolgreichste Märchenerzählung stammt von dem damals viel gelesenen Autor Friedrich de la Motte Fouqué. Sie heißt nach ihrer Hauptfigur *Undine* (von lat. ‹unda› = Welle) und handelt von dem mythischen Wasserwesen, das traditionell (seit den Nymphen der griechischen Mythologie) das für männliche Blicke verführend Weibliche verkörpert. Das fließende, weiche, anschmiegsame Element diente schon immer

10 Karl Friedrich Schinkel, Bühnenbild zu *Undine*, Naturszene, 1816, Berlin, Kupferstichkabinett

als Anschauung für diese Verführungskraft. Auch Fouqué stellt seine Undine in dieser Weise dar, doch zugleich gibt er ihrer Sinnlichkeit noch eine andere, subtil psychologische Bedeutung. Als Elementarwesen hat Undine dem Mythos nach keine Seele. Hans Christian Andersens (1805–1875) Märchen von der *Kleinen Meerjungfrau*, das durch Fouqué inspiriert wurde, wird diesen Mangel als Sehnsuchtsmotiv mit traurigem Ende ausführen. Fouqué dagegen stellt die Seelenlosigkeit als faszinierende Andersartigkeit der Undine dar. Als reines, seelenloses Naturwesen erscheint sie dem Ritter, der sie heiratet, ambivalent: einerseits verführerisch sinnlich und unbekümmert, andererseits geheimnisvoll fremd und bedrohlich. Das mythische Motiv der fehlenden Seele wird zur Metapher für die aus männlicher Warte irritierende Unverständlichkeit der weiblichen Psyche.

Der Publikumserfolg der *Undine*, die 1811 erschien, erhöhte sich noch, als 1816 zum Geburtstag des preußischen Königs Friedrich Wilhelm III. die Opernfassung in Berlin uraufgeführt wurde. Fouqué selbst hatte das Libretto geschrieben,

E. T. A. Hoffmann die Musik komponiert und der Maler und Architekt Karl Friedrich Schinkel (1781–1841) die Bühnenbilder gefertigt. Sie zeigen einerseits die idealisierte gotisch-mittelalterliche Ritterwelt (Abb. 9), in der das Märchen angesiedelt ist, und andererseits die romantisch wilde Natur (Abb. 10), aus der Undine stammt. Die Oper war ein triumphaler Erfolg. Er beweist, wie zentral Erwachsenenmärchen zur damaligen Kultur gehörten.

d) Germanistik als Neue Mythologie

Die Märchen- und Sagensammlungen der Grimms sind Teil ihrer zahlreichen literatur- und sprachgeschichtlichen Arbeiten, die zusammen die Gründungsleistung der Germanistik darstellen. Dazu gehören Jacob Grimms *Deutsche Grammatik* (1819–1837), *Deutsche Mythologie* (1835) und *Deutsche Rechtsalterthümer* (1828) sowie das von beiden Brüdern begonnene *Deutsche Wörterbuch* (1. Bd. 1854). Die Grimms setzten Standards der historischen Sprach- und Literaturforschung, waren aber keine wertneutralen Wissenschaftler im heutigen Sinne. Denn sie verstanden ihre Arbeit als patriotischen Beitrag zum deutschen Selbstbewusstsein und entsprachen damit ganz dem Gründungsgedanken der Germanistik.

Dieser drückt sich schon im Namen aus, der sachlich unpassend ist. Sprachwissenschaftlich definiert, müsste die Germanistik auch das Englische und die skandinavischen Sprachen (außer Finnisch) umfassen, literaturwissenschaftlich ginge es um nicht mehr als das Hildebrandslied und die Merseburger Zaubersprüche, die einzigen Texte, die man ‹germanisch› nennen kann. Tatsächlich hat sich die deutschsprachige Literatur aber nicht aus diesen Quellen, sondern aus der Nachahmung der lateinischen und der romanischen (provenzalischen, italienischen, französischen, spanischen) Dichtung entwickelt. Dass man die Wissenschaft von der deutschen Sprache und Literatur dennoch Germanistik genannt hat, signalisierte, dass man die Literatur an ihren europäischen Abhängigkeiten vorbei auf einen eigenen, autochthonen Ursprung zurückführen wollte. Genau das taten die Grimms genauso wie all ihre Kollegen aus der Gründerzeit der Germanistik. Literatur wurde von ihnen prinzipiell und mit allem Nachdruck als eine nationale Angelegenheit verstanden, nicht in ihrer tatsächlichen Internationalität, sondern als Ausdruck eines Nationalcharakters (vgl. Kap. 3 a).

Den aktuellen Anlass dazu gab die Kriegsniederlage gegen Napoleon 1806. Die Beschäftigung mit der deutschen Sprache und Literatur sollte die militärische Demütigung kulturell kompensieren und das Nationalbewusstsein neu aufrichten helfen. Fast alle Vorworte der ersten germanistischen Bücher verkündeten ausdrücklich diese Absicht, und nicht von ungefähr wählten die Brüder Grimm das Hildebrandslied für ihre erste wissenschaftliche Editionsarbeit. Mit diesem Heldenlied, dessen verlorene Teile nach Überzeugung der Grimms weitaus großartiger gewesen sein mussten als die überlieferten Verse, sollten die Deutschen ihre wahre Identität wiederfinden. Zum Prunkstück des germanisch-deutschen Literaturstolzes wurde das Nibelungenlied erhoben, dessen Orientierung an der französischen Ritterepik ignoriert und durch eine nationalcharakterliche Interpretation verdrängt wurde. Für sie hielt man sich zugleich an Tacitus' *Germania* (Ende des 1. Jh.), den Text, der überhaupt erst die kontrafaktische Idee eines einheitlich charakterfesten Germanenvolkes in die Welt gebracht hatte. Die dort genannten germanischen Tugenden – insbesondere unbedingte Treue und Standhaftigkeit – bezog man auf das Ende des Nibelungenlieds, das dadurch gerade in seiner Grausamkeit zur patriotisch-erbaulichen Selbstversicherung wurde. So tat es als Erster Friedrich Heinrich von der Hagen in seiner Nibelungenlied-Ausgabe von 1807, die ihm 1810 die erste Professur für deutsche Sprache und Literatur an der neu gegründeten Berliner Universität einbrachte.

Die suggestivste Idee, die gleichermaßen von den ersten Germanisten wie von zeitgenössischen Schriftstellern verfolgt wurde, war die Wiedererweckung der germanischen Mythologie. Der griechisch-römischen eine eigene nordische Mythologie entgegenzusetzen galt als Vollendung der nationalkulturellen Selbstbehauptung. Die eigene Mythologie bot sich der patriotischen

Identitätssuche als eine Art Ewigkeitszeugnis der germanisch-deutschen Weltanschauung an. Allerdings ist die Überlieferungslage hier so prekär, dass man mehr von der Neuerfindung als der Wiederentdeckung einer germanischen Götterwelt sprechen muss. Tacitus nennt zwar einige germanische Götter und erläutert sie durch ihre Entsprechungen zu den römischen; Göttergeschichten aber erzählt er nicht. Solche sind erst aus christlicher Zeit überliefert, durch die isländischen *Edda*-Lieder (die Handschrift stammt aus dem 13. Jh., einzelne Lieder gehen vermutlich bis ins 9. Jh. zurück). Sie enthalten handlungsreiche Götter- und Heldensagen, die aber gerade im Blick auf die Götter und die Jenseitsvorstellungen einen derb-komischen Charakter zeigen. Er erklärt sich wohl dadurch, dass hier aus christlicher Warte der untergehende oder untergegangene heidnische Glaube festgehalten wurde.

Jacob Grimm spricht diese schwierige Überlieferungslage in seiner *Deutschen Mythologie* offensiv an. Er versucht sie dadurch zu bewältigen, dass er sich weniger an die *Edda* und mehr an die Orts- und Flurnamen und an regionale und lokale Bräuche und Riten halten will, die noch vom germanischen Götterglauben zeugen. Das alles entfaltet er materialreich und kleinteilig in drei dicken Bänden. Nach den Märchen wurden sie damals zum erfolgreichsten Buch der Grimms, ein deutlicher Beleg für die Hochkonjunktur der nationalkulturellen Identitätsstiftung. Grimm bedient sie auch dadurch, dass er immer wieder von einzelnen Zeugnissen auf den Nationalcharakter schließt. In einer Bemerkung des Tacitus, dass die Germanen keine Gotteshäuser und -statuen hätten, weil dies dem geheimnisvollen Wesen ihrer Gottheiten nicht entspreche, sieht er «den vollen keim des Protestantismus» (Grimm 37), den er für ein deutsches Wesensmerkmal hält. Insgesamt versteht er seine *Deutsche Mythologie* als eine vaterländische Befreiung von der altsprachlichen und der romanischen Gelehrsamkeit, denen sich die Deutschen zu lange untergeordnet hätten.

Anders als Jacob Grimm ließen sich viele Schriftsteller auf die mittelalterlichen literarischen Quellen der nordischen Götter- und Heldensagen ein und brachten die Stoffe mit eigener Fantasie neu als Ballade, Gedicht oder Drama heraus. Am beliebtesten war dabei der Nibelungenstoff, der zwischen Fouqués Trilogie *Der Held des Nordens* (1810) und Richard Wagners *Ring des Nibelungen* (Textveröffentlichung 1852, Uraufführung 1876) unüberschaubar viele Nachdichtungen und Dramatisierungen erfuhr. Der Erfolgsautor Fouqué lieferte sieben weitere Dramen nach Stoffen aus der germanischen Mythologie, darunter *Alf und Yngwi* (1813), wo am Ende das germanische Kriegerparadies Walhall aufscheint: zur Zeit der beginnenden Befreiungskriege eine aktuelle mythische Ermutigung zu Kampf und Heldentod. Im selben Jahr zog der Autor als Freiwilliger selbst in diesen Krieg.

In dem Zusammenwirken von Professoren und Dichtern kann man hier das frühromantische Konzept der Neuen Mythologie (vgl. Kap. 1 d) verwirklicht sehen. Denn was Grimm, Fouqué und viele andere lehrten, erzählten und auf die Bühne brachten, war nichts wiederentdecktes Altes, sondern etwas neu Geschaffenes. Genau wie die Programmatiker der Neuen Mythologie es wollten, verband es aktuelle wissenschaftliche Positionen mit populärer Anschaulichkeit, um so Gemeinschaft zu stiften. Das war die Absicht der neuen, germanisch-deutschen Mythologie: Sie sollte die Deutschen von ihrem gemeinsamen Nationalcharakter überzeugen und dadurch vereinen. Auch darin lag anfangs eine politisch progressive Tendenz gegen die Feudalherrschaft hin zu einer nationalstaatlichen Republik. Der Germanist, Dichter und Parlamentarier Ludwig Uhland (1787–1862) arbeitete in all seinen drei Funktionen dafür. Als Professor veröffentlichte er eine Abhandlung über Thor (*Der Mythus von Thôr nach nordischen Quellen*), den er mit eindeutig antiaristokratischem Engagement als Gott des Volkes vorstellte, als populärer Lyriker verband er germanisch-mythologische Motive mit aktuellen Freiheitsbotschaften (z. B. in dem Gedicht *Freie Kunst*), und als Abgeordneter stritt er im württembergischen Landtag wie im Frankfurter Nationalparlament für demokratische Ideale.

Die andere Seite dieser mythischen Nationalidentität waren die Leugnung kultureller Internationalität und die Tendenz, das

Selbst- einem Feindbild zu kontrastieren. Durch die politischen Umstände zielte das vor allem gegen die Franzosen, doch im Inneren zugleich auch gegen die Juden. Diese Tendenz verwirklichte sich prominent in der 1811 in Berlin gegründeten «Deutschen Tischgesellschaft», einer antifranzösischen wie antisemitischen Männervereinigung, der u. a. Achim von Arnim, Clemens Brentano, Johann Gottlieb Fichte, Friedrich Schleiermacher und Karl Friedrich Schinkel angehörten.

Die meisten Beteiligten hielten das germanisch-deutsche Selbstbild indes nicht für ein literarisches Projekt der Gemeinschaftsbildung, also nicht für eine Neue Mythologie, sondern schlicht für die Wahrheit. Auch wenn sie als Christen nicht an Thor oder Odin glaubten, sprachen sie vom deutschen Nationalcharakter, der im Germanentum wurzele, wie von einer fraglos gegebenen Tatsache. Das Konzept der Neuen Mythologie denkt die kreative Fiktionalität mit. Die germanistische Deutung der deutschen Kultur dagegen war eine Neue Mythologie, die sich nicht als solche reflektiert und sich mit der Wahrheit verwechselt hat. Das galt auch für ihre schärfsten Kritiker. Heinrich Heine hat in seinem großen Essay *Elementargeister* (1837) den Germanenkult seiner Zeit und die Wiederbelebung der nordischen Mythologie verspottet, allerdings so, dass er die Sache selbst nicht für ungültig erklärte, sondern nur die Vorzeichen wechselte. Auch er spricht von dem in der germanischen Mythologie wurzelnden deutschen Nationalcharakter, den er jedoch als Irrationalismus und latente archaische Gewalt ins Düstere kehrt.

e) Politische Romantik

Die Romantik ist mit keiner bestimmten politischen Position oder Tendenz verbunden. Je nach Ort, Zeit und Situation hatten die verschiedenen Akteure verschiedene Überzeugungen und Ziele. Der Ausdruck ‹Romantik› wurde dabei selten direkt politisiert, am ehesten noch bei Victor Hugo, wenn er die romantische Literatur die ‹laute und mächtige Stimme des Volkes› nennt (vgl. Kap. 5 b). Die direkte Politisierung erfolgte erst rückblickend. Besonders einflussreich war dabei ein Buch des Staatsrechtlers und Publizisten Carl Schmitt (1888–1985) von 1919, das unter dem Titel *Politische Romantik* die Haltung einer individualistisch selbstverliebten, willkürlichen Prinzipienlosigkeit anklagt. ‹Subjektiver Okkasionalismus› ist Schmitts Diagnoseformel dafür. Er hat sie im Blick u.a. auf Novalis entwickelt, zielte mit ihr aber gegen die liberaldemokratischen Politiker seiner eigenen Zeit. Schmitt bekannte sich später zum Nationalsozialismus und wurde ein prominenter Jurist des NS-Regimes.

Nach dem Zweiten Weltkrieg wurde eine andere, gegenläufige Deutung noch einflussreicher. Sie zog die Romantik zur Erklärung des Nationalsozialismus heran. Es sei der in der romantischen Literatur zum Ausdruck kommende irrationale deutsche Nationalcharakter, der den kollektiven Zivilisationsbruch ermöglicht, wenn nicht sogar schicksalhaft zwangsläufig verursacht habe. Diese Deutung, die gleich nach Kriegsende vor allem von Thomas Mann (1875–1955) und dem Literaturwissenschaftler Georg Lukács (1885–1971) vertreten und verbreitet wurde, lässt sich als unmittelbare Nachkriegsreaktion verstehen. Das Ausmaß der nationalsozialistischen Verbrechen erschien als zu groß, um es allein aus den zwölf Jahren Regierungshandeln abzuleiten. So griff man nach der mythischen Größe des Nationalcharakters, wobei die Fortsetzung des historisch romantischen im nationalsozialistischen Germanenkult für punktuelle Evidenz sorgen konnte. Tatsächlich hat die Nazipropaganda Elemente aus den romantischen Vorstellungen eines Nationalcharakters verwendet und haben Germanisten aus Opportunismus oder Überzeugung die historische Romantik in diesem Sinne an das Regime heraninterpretiert. Doch ob er nun als Auszeichnung oder als Verhängnis gemeint ist: Der romantisch-deutsche Nationalcharakter bleibt eine bloß mythische Größe. Sie wurde in der Nazizeit propagandistisch genutzt – wie aber so viele andere (antike, technisch-modernistische, rassistische) Elemente auch. Wer einen Schicksalszusammenhang von Romantik und Nationalsozialismus sieht, erliegt diesem Propagandamythos und wechselt als Kritiker nur dessen Vorzeichen. Begünstigt wurde diese Deutung durch das Konzept der Nationalliteratur, das den internationalen Zusammenhang der Literatur negiert und die europäische Dimension der Romantik in deutscher Nabelschau verschattet hat.

Die Tatsache, dass man so Gegensätzliches wie Liberalismus und Nationalsozialismus mit dem Begriff ‹Romantik› verknüpft hat, beweist, wie willkürlich eine politische Festlegung dieses Begriffs ist. Man vermeidet diese Willkür, wenn man mit ihm nicht bestimmte Überzeugungen und Haltungen verbindet, sondern auch im Blick auf die Politik an das Stilphänomen denkt, als das die Romantik in die Welt kam (vgl. Kap. 1 b). Es besteht darin, Sinn- und Deutungsperspektiven, die über alles überprüfbare Wissen hinausreichen, so zu formulieren, dass sie ästhetisch attraktiv und überzeugend wirken und zugleich als Produkte der Einbildungskraft markiert werden. Die romantische Innovation liegt in der Kunst, Transzendenz als Kippfigur zu zeigen. In der Literatur heißt das, Texte so zu schreiben, dass sie einen transzendenten, ‹höheren› Sinn anbieten und zugleich widerrufen, indem sie ihn ironisieren, als Mythos oder bloße Vorstellung reflektieren. Novalis nennt dieses Verfahren ‹Romantisieren›.

Er selbst zeigt auch, wie es auf die Politik angewendet werden kann. Neben seiner Rede über *Die Christenheit oder Europa* tut er dies in seinem Text *Glauben und Liebe oder König und Königin*, der dem 1797 inthronisierten jungen preußischen Königspaar Friedrich Wilhelm III. und Luise huldigt. Die *Europa*-Rede erhebt den vorreformatorischen Katholizismus zum Gesellschaftsideal (vgl. Kap. 5 a), *Glaube und Liebe* macht das Gleiche mit dem jungen Königspaar und verkündet, wenn alle Staatsbürger sich an ihm persönlich ein Vorbild nähmen, würde der Staat zur idealen Gemeinschaft. In beiden Fällen wird dabei markiert, dass die Idealität nicht im Katholizismus oder im Herrscherpaar selbst liegt, sondern erst durch die eigene Einbildungskraft bewusst hervorgebracht wird. So wie Novalis' «Christenheit» kein konfessioneller Katholizismus ist, sondern eine von der Christus-Figur inspirierte Vorstellung vom «Mittlerthum überhaupt» (Novalis 2, 749), so ist seine Idealisierung des Königspaars kein Bekenntnis zur Erbaristokratie, sondern eine gegen die Ständeordnung universell gemeinte Huldigung der vorbildlichen Ehe und Familie. Der Rang des Königs, heißt es in *Glauben und Liebe*, beruhe dabei «auf der freiwilligen Annahme eines Idealmenschen», wodurch dann «alle Menschen [...] thronfähig» (Novalis 2, 294) werden sollen. Mit der Doppeldeutigkeit von ‹Annahme› lässt sich Novalis' Verfahren in diesen Texten prägnant zusammenfassen: Die Vorbildlichkeit von Katholizismus und Königspaar wird durch eigene Einbildungskraft unterstellt und akzeptiert. Dieses Verfahren kann man politische Romantik nennen. Es ist ein politisches Denken, das sich an strategisch imaginierten Idealen orientiert.

Der Gegensatz zu diesem Verfahren ist ein an Gesetzen und Institutionen orientiertes Staatsverständnis. Anders gesagt: Politische Romantik ist ein anti-institutionelles Denken. Novalis selbst, aber auch schon die Autoren des *Ältesten Systemprogramms*, das die Idee der Neuen Mythologie begründete (vgl. Kap. 1 d), polemisierten gegen jede rechtsförmige Staatsauffassung. Sie benutzten dazu den anschaulichen Gegensatz von Maschine und Organismus. Der auf Verfassung und Gesetz gegründete Staat wird als tote Mechanik verunglimpft, die auf kollektive Einbildungskraft gestützte Gemeinschaft dagegen als lebendiges, organisches Wesen verklärt. Die größte Verbreitung fand diese Perspektive durch den Staatstheoretiker und Diplomaten Adam Müller (1779–1829), allerdings mit einem entscheidenden Unterschied. Wie Novalis verklären Müllers *Elemente der Staatskunst* (1809) die alte Feudalordnung, indem sie in ihr die ideale Umsetzung der natürlich-lebendigen Gesellschaftsstruktur von Ehe und Familie sehen. Anders als Novalis hält Müller dies jedoch nicht für eine «freiwillige Annahme», sondern für eine Einsicht der Staatswissenschaft, nicht für Neue Mythologie, sondern für die Erkenntnis einer politischen Tatsache. Auch der christliche Glaube, der die Feudalordnung stützt, hat für Müller den traditionellen theologischen Wahrheitsanspruch und ist nicht wie für Novalis die bloße Vorstellung eines «Mittlerthums» zur Transzendenz, das sich jeder auf individuelle Weise vorstellen kann. Müller ging mit seiner Verherrlichung des Feudalismus so weit über alle reale Politik der Restaurationszeit hinaus, dass er sich gegen die preußischen Reformen und – in entschiedener Opposition gegen den britischen Ökonomen Adam Smith – gegen jede technische, wirtschaftliche und industrielle Entwicklung wandte.

Novalis, die Autoren des *Ältesten Systemprogramms* und Müller entsprechen sich darin, dass sie den Staat nicht als gesetzlich geregelte Institution denken, sondern als menschlich zu erlebende Gemeinschaft imaginieren. Man kann sie politische Romantiker nennen, weil sie die Einbildungskraft zum entscheidenden Mittel der Politik machen. Ein wichtiger Unterschied besteht darin, ob ihnen das jeweils bewusst ist und ob sie es ihrem Publikum bewusst machen.

Politische Romantik – so kann man sie als ein nicht historisches, sondern zeitlos typologisches Phänomen definieren – ist die gemeinschaftsstiftende Mobilisierung der kollektiven Einbildungskraft. Wenn diese reflektiert geschieht, kann sie als ästhetische und emotionale Ergänzung rational sachbezogener Politik wirken, wie es etwa in den Nationalhymnen ritualisiert ist, die einer Ideal- und Wunschvorstellung des jeweiligen Staats poetischen Ausdruck geben. Wenn die Mobilisierung von Einbildungen aber unreflektiert geschieht, treten diese an die Stelle der Wirklichkeit und untergraben mit ihrer ästhetischen und emotionalen Überzeugungskraft Realismus und Rationalität. Das verbreitetste, bis heute präsente Beispiel dafür ist die – epochal aus der Romantik stammende – Vorstellung, es gäbe einen festen, einheitlichen Nationalcharakter, der sich in Sprache, Literatur und anderen kulturellen Erscheinungen zeige. Im Widerstand gegen die Napoleonische Besatzung und im Einsatz für eine geeinte Republik hat diese Vorstellung in Deutschland und Italien stark motiviert (vgl. Kap. 3 b). Sie führt aber zur ideologischen Verhärtung, wenn man sie für sachlich richtig hält und mit ihr festlegen will, wer und was zu einer Nation gehört und gehören darf. Auch wer die zumeist durch historische Zufälle gezogenen Nationalgrenzen nicht als Geltungsgebiet von Gesetzen und Institutionen versteht, sondern als Ausdruck einer festen charakterlichen und kulturellen Einheit, ‹romantisiert› sie, indem er dem machtpolitisch Zufälligen einen schicksalhaften ‹höheren› Sinn gibt, allerdings ohne wie Novalis das Selbstgemachte dieses Sinns mitzudenken. Romantisierungen werden zu Irrtümern und Fehlern, wenn man sie nicht als solche reflektiert, vor allem in der Politik.

6. Romantik bis heute

Als Epoche ist die Romantik vergangen. Was mit ihr in die Welt kam, aber bleibt bis heute gegenwärtig. Das betrifft nicht nur die Literatur, Kunst und Musik dieser Zeit, die kanonisch geworden sind, sondern auch deren Stil und Verfahren. Sie sind bis heute produktiv. Die Neuerungen der Romantik – die Ästhetisierung und Subjektivierung der Religion, das Fantastische, die Neue Mythologie, die strategische Offenheit durch Ironie und Fragment, der Vorrang des Prosaromans, die Individualisierung der Literaturkritik, die Hochschätzung der Instrumental- als absoluter Musik, die Anerkennung von Literatur und Kunst als eigenständigen Instanzen der Weltdeutung, Sinnstiftung und Lebensorientierung – zählen zum lebendigen Ausdrucksrepertoire und zu den Selbstverständlichkeiten der literarischen und künstlerischen Moderne. Die Romantik ist die Zeit, in der Literatur und Kunst sich endgültig als autonome Bereiche von ihren traditionellen ständischen, kirchlichen und akademischen Reglementierungen emanzipieren. Und sie ist zugleich die Zeit, in der ihre neu gewonnene Selbständigkeit ihre bis heute entscheidenden Prägungen erhält. Diese zeigen sich dort, wo wir …

… unsere Vorstellungen von Transzendenz nicht nach den Lehren der Kirchen und der Theologie ausrichten, sondern sie aus Kunstwerken und deren ästhetischer Überzeugungskraft gewinnen. Eines der erfolgreichsten Beispiele gibt dafür das Märchen *Der kleine Prinz* des französischen Schriftstellers Antoine de Saint-Exupéry (1900–1944). Dessen kindliche, naiv aufrichtige, wunderbar anschauliche Titelfigur verkörpert eine über alle Rationalität erhabene Liebes- und Freundschaftsethik und deren Heilsversprechen. Und sie tut dies auf eine Weise, die für viele Leserinnen und Leser des 20. Jahrhunderts wohl den Eindruck der Jesus-Figur und die Liebesbotschaft des *Neuen Testaments* überstrahlt hat. Eine solche Ästhetisierung der Transzendenz kann sich aber auch in der Rezeption älterer Kunstwerke zeigen, deren Urheber ihrerseits ohne Frage aus einem konfessionellen Glauben heraus geschaffen haben. Das eindrucksvollste Beispiel dafür ist Johann Sebastian Bachs (1685–1750) *Matthäus-Passion.* Ihre anhaltende große Beliebtheit zeugt wohl weniger von der Lebendigkeit des Lutherischen Protestantismus, dafür umso mehr von der Faszination für Bachs Musik, in der viele einen quasi-religiösen Trost erleben, ohne im Ernst an das im Text mitgeteilte Evangelium zu glauben. Diese von allem evangelischen Bekenntnis losgelöste Bach-Frömmigkeit ist tatsächlich auch im epochalen Sinne ein Kind der Romantik: Es war der romantische Komponist Felix Mendelssohn Bartholdy (1809–1847), der im Jahre 1829 die weithin vergessene *Matthäus-Passion* wiederentdeckte und für ein Publikum jenseits der Gemeindefrömmigkeit als musikalisches Kunstwerk aufführte.

... Darstellungen des Wunderbaren, Unheimlichen, gespenstisch Unwirklichen weder glauben noch als Aberglauben abtun, sondern als Ausdrucksmittel psychischer und psychopathologischer Phänomene so interessant wie unterhaltsam finden. Edgar Allen Poe (1809–1849) hat dieses Ausdrucksmittel popularisiert und das Fantastische zu einem der stärksten Reize moderner Fiktion gemacht. Stephen Kings Romane und deren Verfilmungen haben das neben vielen weiteren fortgesetzt.

... die Mythologie in erster Linie nicht für einen Gegenstand der Altertumskunde halten, sondern für einen aktuellen fiktionalen Weltentwurf, der Gemeinschaft stiftet und Orientierung geben kann. Die ‹Trekkies›, die Fans der Fernsehserie *Star Trek*, geben davon ebenso ein lebendiges Zeugnis wie die vielen als Mangafiguren verkleideten Besucherinnen und Besucher der Leipziger Buchmesse.

... von den ‹letzten Dingen› nicht mit sicherer Überzeugung

sprechen, sondern durch Ironie oder andere Signale der Offenheit unser tatsächliches Nicht-wissen-Können markieren. In ihrem letzten Roman, *Von oben*, imaginiert die deutsche Schriftstellerin Sibylle Lewitscharoff (1958–2023) ein Bewusstsein nach dem körperlichen Tod, das eine Bilanz seines Lebens zieht und sich fragt, was es nun zu hoffen oder zu fürchten habe. Bei allem Ernst, mit dem dabei die religiösen Kategorien der unsterblichen Seele, der Sünde, Sühne, Vergebung, Erlösung, auch Höllenangst zur Geltung kommen, begegnen immer wieder Formulierungen, die diese Perspektiven ironisieren: «Furchtbar anstrengend ist das alles. Die kleine Metaphysik meines Unglücks ist letztlich nicht der Rede wert. Höchste Zeit, daß ich mir wieder abhanden komme.» (Lewitscharoff 30) In der gesamten Balance des Romans zieht diese Ironie die religiösen Spekulationen indes nicht ins Lächerliche, sondern erzeugt genau die romantische Kippfigur aus Ernst und Widerruf.

... den Prosaroman für die Hauptgattung der Literatur halten, die die verschiedensten Formen in sich aufnehmen und sich immer wieder neu erfinden kann. Die meisten Buchläden nennen ihre Hauptabteilung nicht mehr mit dem gattungsneutralen Begriff ‹Belletristik›, sondern ‹Romane› und ordnen andere Textformen stillschweigend mit ein.

... die Qualität literarischer und anderer künstlerischer Werke nicht in der Beachtung allgemeiner Regeln sehen, sondern in ihrer je eigenen Individualität, für deren Würdigung es einer entsprechenden individuellen Sensibilität der Rezipienten bedarf. Ganz in diesem Sinne lehrt der Bestsellerautor Daniel Kehlmann in seiner Poetikvorlesung im Jahr 2007: «Es gibt keine Professionalität beim Schreiben. [...] Glauben Sie keinem Poetikdozenten.» (Kehlmann 5)

... Symphoniekonzerte für das Hochamt anspruchsvollen, tief bewegenden und befriedigenden Kunsterlebens halten. Die Elbphilharmonie ist mit ihrem Prestige und Besucheransturm das jüngste Monument dieser Haltung, das sofort zum Emblem seiner Heimatstadt Hamburg wurde.

... wie manche Fankulturen und Enthusiasten in bestimmter Literatur, Musik oder anderen Kunstwerken unseren Lebenssinn finden oder – in der pessimistischsten Variante der Kunstfrömmigkeit – die Kunst als das einzige Freiheits- und intellektuelle Rettungspotenzial in der von der instrumentellen Vernunft verunstalteten Welt ansehen, wie es Theodor W. Adorno (1903–1969) in seiner *Ästhetischen Theorie* getan hat.

Alles hier Aufgeführte belegt die Wirkung ursprünglich romantischer Phänomene und Konzepte bis in unsere Gegenwart. Vieles davon ist so selbstverständlich geworden, dass es gar nicht mehr als ein Erbe der Romantik bewusst ist.

Zuletzt kann man sich fragen, was die historische Romantik mit unserem alltagssprachlichen Begriff des Romantischen zu tun hat. Das *Digitale Wörterbuch der Deutschen Sprache*, das von der Berlin-Brandenburgischen Akademie der Wissenschaften unterhalten wird, bietet die wohl zuverlässigste Auskunft zur Gegenwartssprache und definiert ‹romantisch› so: «gefühlsbetont, schwärmerisch, von starker, oft unrealistischer Vorstellungskraft und Einbildungskraft erfüllt» (DWDS). Das entspricht teilweise der historischen Romantik, die man insgesamt als eine programmatische Mobilisierung und Würdigung der Einbildungskraft verstehen kann. Ein wichtiger Unterschied liegt allerdings darin, dass die Romantik um 1800 diese Vorstellungs- und Einbildungskraft nicht einfach als ‹unrealistisch› verstand, sondern als einen real wirksamen Teil des menschlichen Lebens anerkannte. Mit der Betonung des Gefühls weicht der populäre Begriff dagegen von der tatsächlich starken Intellektualität insbesondere der Jenaer Frühromantik ab. Es waren alles Kant-Leser, von denen die Karriere des Romantikbegriffs um 1800 ausging. Das heißt, eine Voraussetzung dieser Karriere war die philosophische Erkenntniskritik.

Wenn man sich daran erinnert, kann man unterscheiden, was in der Alltagssprache zusammenfällt: Romantik und Schwärmerei. Das Wörterbuch der Berlin-Brandenburgischen Akademie fasst beide zusammen. Die Geschichte der Romantik lehrt dagegen, es nicht zu tun oder zumindest zwischen einer bewussten und einer unbewussten Form von Romantik zu unterscheiden. Es ist dann nur die zweite, die man Schwärmerei nennen kann. Anders gesagt: Der Schwärmer ist ein Romantiker, der nicht weiß, nicht wissen will oder abstreitet, einer zu sein. Es ist ein wichtiger Unterschied, ob einem ein nur vorgestellter, nicht überprüfbarer Sinn- und Deutungszusammenhang als solcher bewusst ist oder nicht. Das Füreinander-bestimmt-Sein zweier Liebender, die unsterbliche Seele, ein vorgegebener Lebenssinn, ein Nationalcharakter: Das alles sind nicht-verifizierbare Einbildungen. Wer sie für objektiv wahr hält, den kann man am besten einen Schwärmer nennen, um ihn von dem Romantiker zu unterscheiden, der diese Einbildungen als solche reflektiert und sich gleichwohl mit ihnen in seinem Leben einrichtet, vielleicht auch nur situativ. Die Reflexion auf genau diese Lebenswirksamkeit der Einbildungskraft und die stilistische Markierung dessen, was nur subjektive Vorstellung ist, sind die Errungenschaften der Romantik, die man nur zu seinem Schaden vergisst. Die Menschen, so können wir seit und mit der Romantik sagen, zerfallen nicht in Realisten auf der einen und Schwärmer auf der anderen Seite. Es gibt einen Modus dazwischen, Romantiker und Romantikerinnen, die mit klarem Bewusstsein über die Verhältnisse ihrer Vernunft und ihres Wissens leben.

Zitierte Literatur

Apel, Friedmar (Hg.): Romantische Kunstlehre. Poesie und Poetik des Blicks in der deutschen Romantik, Frankfurt a. M. 1992.

Chateaubriand: René, Atala und andere Erzählungen, aus dem Französischen übertragen von S. Born, Dortmund 1986.

DWDS = Digitales Wörterbuch der Deutschen Sprache, https://www.dwds.de/wb/romantisch

Eichendorff, Joseph von: Werke in fünf Bänden, hg. von Wolfgang Frühwald u. a., Frankfurt a. M. 1985.

Geist des Christentums von Chateaubriand, übersetzt von Hermann Kurtz, 1. Abt., 1. Buch, Ulm 1844.

Goethe, Johann Wolfgang: Sämtliche Werke, Briefe, Tagebücher und Gespräche, 40 Bde., hg. von Friedmar Apel u. a., Frankfurt a. M. 1986–2013.

Grimm, Jacob: Deutsche Mythologie. Vollständige Ausgabe, Wiesbaden 2003.

Herder, Johann Gottfried: Volkslieder, Übertragungen, Dichtungen, hg. von Ulrich Gaier, Frankfurt a. M. 1990.

Hoffmann, Ernst Theodor Amadeus: Sämtliche Werke in sechs Bänden, hg. von Hartmut Steinecke, Frankfurt a. M. 1985–2004.

Hölderlin, Friedrich: Sämtliche Werke und Briefe in drei Bänden, Bd. 3: Briefe, hg. von Jochen Schmidt in Zusammenarbeit mit Wolfgang Behschnitt, Frankfurt a. M. 1992.

Hugo, Victor: Théâtre complet I. Préface par Roland Purnal, notices et notes par J.-J. Thierry et Josette Mélèze, Paris 1963.

Jean Paul: Werke, hg. von Norbert Miller, Bd. 5: Vorschule der Ästhetik, Levana oder Erziehlehre, Politische Schriften, München [4]1980.

Kehlmann, Daniel: Diese sehr ernsten Scherze. Poetikvorlesungen, Göttingen [4]2011.

KFSA = Kritische Friedrich-Schlegel-Ausgabe, hg. von Ernst Behler u. a., München u. a. 1966 ff.

Koppenfels, Werner von, und Manfred Pfister (Hg.): Englische Dichtung. Von Dryden bis Tennyson, München 2000.

Leopardi, Giacomo: Gesänge. Dialoge und andere Lehrstücke, übersetzt von Hanno Helbling und Alice Vollenweider, München 1978.

Lewitscharoff, Sibylle: Von oben, Berlin 2019.

Novalis: Werke, Tagebücher und Briefe Friedrich von Hardenbergs, 3 Bde., hg. von Hans-Joachim Mähl und Richard Samuel, München 1978–1987.

Schlegel, August Wilhelm: Vorlesungen über Ästhetik I [1798–1803], mit Kommentar und Nachwort hg. von Ernst Behler, Paderborn u.a. 1989.
Schlegel-Schelling, Caroline: Die Kunst zu leben, hg. und mit einem Essay von Sigrid Damm, Frankfurt a.M. und Leipzig 1997.
Schleiermacher, Friedrich: Über die Religion. Reden an die Gebildeten unter ihren Verächtern. Mit einem Nachwort von Carl Heinz Ratschow, Stuttgart 1985.
Staël, Germaine de: Über Deutschland, nach der Übersetzung von Robert Habs hg. und eingeleitet von Sigrid Merken, Stuttgart 2019.
Stendhal: Racine et Shakespeare. Études sur le romantisme. Chronologie et introduction par Roger Fayolle, Paris 1970.
Tieck, Ludwig: Franz Sternbalds Wanderungen. Studienausgabe. Mit 16 Bildtafeln, hg. von Alfred Anger, Stuttgart 1994.
Wunderhorn = Des Knaben Wunderhorn. Alte deutsche Lieder gesammelt von Achim von Arnim und Clemens Brentano. Kritische Ausgabe, Bd. 1, hg. und kommentiert von Heinz Rölleke, Stuttgart 1987.

Weiterführende Literatur

Beyer, Andreas: Die Kunst des Klassizismus und der Romantik, München 2011.
Dictionnaire du Romantisme, hg. von Alain Vaillant, Paris 2012.
Encyclopedia of the Romantic Era, 1750–1850, hg. von Christopher John Murray, New York und London 2004.
Frank, Manfred: Einführung in die frühromantische Ästhetik, Frankfurt a.M. 1989.
Görner, Rüdiger: Romantik. Ein europäisches Ereignis, Stuttgart 2021.
Hühn, Helmut, und Joachim Schiedermair (Hg.): Europäische Romantik. Interdisziplinäre Perspektiven der Forschung, Berlin und Boston 2015.
Kerschbaumer, Sandra, und Matthias Löwe (Hg.): Romantisierung von Politik. Historische Konstellationen und Gegenwartsanalysen, Paderborn u.a. 2022.
Köchy, Kristian: Romantische Naturphilosophie, in: Online Encyclopedia Philosophy of Nature/Online Lexikon Naturphilosophie, hg. von Thomas Kirchhoff, ISSN 2629–8821, doi:10.11588/oepn.2021.1.80608
Matuschek, Stefan: Der gedichtete Himmel. Eine Geschichte der Romantik, München 2021.
Romantik-Handbuch, hg. von Helmut Schanze, 2., durchgesehene und aktualisierte Aufl., Stuttgart 2003.

Schanze, Helmut: Erfindung der Romantik, Stuttgart 2018.
The Oxford Handbook of European Romanticism, hg. von Paul Hamilton, Oxford 2016.
Wiesenfeldt, Christiane: Die Anfänge der Romantik in der Musik, Kassel und Berlin 2022.

Bildnachweis

akg-images/Erich Lessing: 1
akg-images: 2, 3, 5, 7, 8, 9, 10
Heritage Images/Fine Art Images/akg-images: 4, 6

Personenregister

Adorno, Theodor Wiesengrund 122
Alfieri, Vittorio 60
Andersen, Hans Christian 109
Arndt, Ernst Moritz 103
Arnim, Achim von 67 f., 100–104, 114

Bach, Johann Sebastian 120
Beethoven, Ludwig van 83 f.
Berchet, Giovanni 61
Blake, William 27 f., 31, 60
Boccaccio, Giovanni 75
Bodmer, Johann Jakob 93
Bois-Reymond, Emil du 91
Breme, Ludovico di 61
Brentano, Clemens 45 f., 67 f., 100, 102, 105, 107 f., 114
Byron, George Gordon, Lord 46, 57 f., 66, 70, 74

Carus, Carl Gustav 20, 90
Cervantes, Miguel de 41
Chamfort, Nicolas 42
Chateaubriand, François-René de 18 f., 68, 96
Coleridge, Samuel Taylor 14 f., 22 f., 31, 60, 100
Corneille, Pierre 75
Cornelius, Peter 79, 81

Dante Alighieri 75, 81
De Sanctis, Francesco 64
De Staël, Germaine 9–11, 33 f., 36 f., 39, 61, 68–70
Delacroix, Eugène 74, 81 f.
Diderot, Denis 23, 25, 39, 105

Eckermann, Johann Peter 73 f.
Eichendorff, Joseph von 12 f., 15, 17–19, 82 f., 94 f.

Fichte, Johann Gottlieb 43, 67, 87, 114
Foscolo, Ugo 61–63
Fouqué, Friedrich de la Motte 95, 105, 108f., 113
Franklin, Benjamin 58
Freud, Sigmund 48
Friedrich Wilhelm III., König von Preußen 109, 116
Friedrich, Caspar David 19f.
Füssli, Johann Heinrich 56

Galvani, Luigi 107
Garve, Christian 35, 42
Gervinus, Georg Gottfried 64
Gluck, Christoph Willibald 86
Goethe, Johann Wolfgang 16, 23f., 29, 38, 43, 55, 58, 61f., 66f., 70, 72–76, 81–83, 90f.
Grimm, Jacob 68, 93, 100f., 103–105, 107f., 110–113
Grimm, Wilhelm 68, 93, 100f., 103–105, 107f., 110–112

Haydn, Joseph 84
Hegel, Georg Wilhelm Friedrich 11, 26f., 71
Heine, Heinrich 36f., 68f., 82, 114
Hemsterhuis, Frans 88
Herder, Johann Gottfried 67, 100, 102
Hoffmann, E. T. A. 13f., 16, 47–50, 53–55, 63, 65, 70, 83–86, 105f., 110
Hölderlin, Friedrich 26f., 62f., 71, 90
Hugo, Victor 36, 61, 68f., 74, 82, 98f., 101, 114

Jean Paul, Johann Paul Friedrich Richter 25, 39–42
Jung, Carl Gustav 48

Kant, Immanuel 34f., 44f., 87–89
Karl X. , König von Frankreich 68, 101
Keats, John 55f., 60
Kehlmann, Daniel 121
King, Stephen 120
Kleist, Heinrich von 20, 86f., 95
Körner, Theodor 103
Kotzebue, August von 42, 65

La Fontaine, Jean de 75
Lafontaine, August 38f.
Leopardi, Giacomo 15f., 31, 60, 63
Lessing, Gotthold Ephraim 23
Lewis, Matthew 53–55
Lewitscharoff, Sibylle 121
Louis Philippe I., König der Franzosen 68, 101
Ludwig XIV., König von Frankreich 10, 60, 78
Luise von Mecklenburg-Strelitz, Königin Luise, Gemahlin König Friedrich Wilhelms III. 116
Lukács, Georg 115

Mann, Thomas 115
Manzoni, Alessandro 61, 70, 74
Mendelssohn Bartholdy, Felix 120
Merkel, Garlieb 42
Metternich-Winneburg, Clemens Wenzeslaus Lothar Fürst von 36
Meyer, Johann Heinrich 74
Mickiewicz, Adam 66
Molière, Jean-Baptiste Poquelin 75
Monti, Vincenzo 60
Mozart, Wolfgang Amadeus 46, 84, 86
Müller, Adam 117f.
Müller, Wilhelm 82

Napoleon I. Bonaparte, Kaiser der Franzosen 10, 36, 63–65, 67, 69, 73, 79, 102, 110f., 118
Newton, Isaac 91

Nicolai, Friedrich 7, 35, 42
Novalis, Georg Philipp Friedrich von Hardenberg 13, 16f., 29f., 32, 34, 42f., 87f., 90f., 93f., 96, 105–107, 115–119

Oehlenschläger, Adam 67
Oken, Lorenz 90
Ørsted, Hans Christian 90
Overbeck, Friedrich 79f.

Percy, Thomas 67, 93, 99f.
Perrault, Charles 105
Petrarca, Francesco 75
Pforr, Franz 79, 81
Platon 88
Poe, Edgar Allen 120
Polidori, John William 57f.
Puškin, Aleksandr 66

Racine, Jean 75
Radcliffe, Ann 53
Raffael 78f., 81, 84f.
Reil, Johann Christian 48
Ritter, Johann Wilhelm 90
Rousseau, Jean-Jacques 37, 41, 105

Saint-Exupéry, Antoine de 119
Schelling, Friedrich Wilhelm Joseph 26f., 71, 81, 90f.
Schiller, Friedrich 16, 70–72, 74–76, 88f., 96
Schinkel, Karl Friedrich 97, 110 , 114
Schlegel, August Wilhelm 7–11, 24f., 34f., 61, 63, 72, 79, 81, 92
Schlegel, Caroline 72, 79
Schlegel, Dorothea, geb. Mendelssohn, gesch. Veit 36, 41, 67
Schlegel, Friedrich 7–9, 16, 22–25, 28f., 31, 34–36, 39f., 42–45, 63, 67, 72f., 87f., 92f., 96, 103
Schleiden, Matthias Jacob 91
Schleiermacher, Friedrich 29, 96, 114
Schmitt, Carl 115
Schubert, Franz 82f.
Schumann, Robert 82f.
Scott, Walter 70
Shakespeare, William 75
Shelley, Mary, geb. Wollstonecraft 56–58
Shelley, Percy Bysshe 31, 57
Smith, Adam 118
Southey, Robert 100
Spieß, Christian Heinrich 53
Stendhal, Henri Beyle 61
Sterne, Laurence 25, 39f.
Stoker, Abraham «Bram» 58

Tacitus, Publius Cornelius 111f.
Tieck, Ludwig, Peter Leberecht 13, 18, 35, 41, 45f.,48, 76, 79, 84f., 94, 97, 105f.
Turner, William 82

Uhland, Ludwig 113

Virchow, Rudolf 91
Volta, Alessandro 107
Voltaire 105
Von der Hagen, Friedrich Heinrich 111

Wackenroder, Wilhelm Heinrich 76–80, 84f.
Wagner, Richard 113
Walpole, Horace 52f.
Wieland, Christoph Martin 105
Wordsworth, William 22f., 47, 60, 100, 102f.